中学

国文法まとめノ

この「国文法まとめノート」は、中学校で学ぶ国文法をまとめ、日常学習から高校入試まで対応できる学力を編集してあります。

●日常学習から高校入試まで

▼中学校で使用している国語のどの教科書も、1学年での3冊を合わせて、国文法の知識がはじめて完結しています。つまり、各学年の教科書1冊だけでは国文法の学習を完全に行うことはできません。これを補うのが本書です。本書さえあれば、どの学年の日常学習にもすぐ役立ちますし、もちろん高校入試対策にも万全を期すことができます。

●国文法が段階的に学習できる構成

▼「**第1章　国文法の基礎知識**」は、

①**文・文節・単語**　②**品　詞**　③**敬　語**

の3つに分けてあります。各ページの上段は、国文法の基礎的な知識を簡潔な表現でまとめてあります。下段は、上段の知識が確認できる、主に短文による設問になっています。設問がスムーズに解けるようになるまで、上段の知識を繰り返し復習してください。

▼「**第2章　まぎらわしい語の識別**」は、

①**品詞の識別**　②**同形語の識別**

の2つに分けてあります。「まぎらわしい語の識別」は高校入試でも出題率が高く、国文法の応用編とでもいえる分野です。上段は、識別法を覚えやすい箇条書きにしてまとめてあります。下段は、上段の知識を使いながら解く設問になっています。繰り返し復習して、国文法の応用力を必ず自分のものにしてください。

▼「**入試問題で力だめし**」は、第1章は5箇所、第2章は2箇所にそれぞれ見開き2ページで入れてあります。いずれも過去の高校入試で実際に出題されたものを収録してあります。公立高校にくらべ、国私立の問題が多少むずかしい場合もありますが、すべての問題を解いてみてください。

▼「**第3章　実戦模擬テスト**」は、見開きで3回分入れてあります。どの問題文も300字程度の長文を使用し、1題につき3～5問の、国文法に限定した設問がついています。設問のレベルは、最近の高校入試を分析し、その傾向に沿った内容になっています。第2章までで学習した知識を再確認できるとともに、定期テストや入試対策にも役立つようになっています。最後の仕上げに活用してください。

●文法用語などは何度でも再確認が可能

▼基本的な文法用語などはわく囲みや傍線《ぼうせん》をつけて赤字（赤字）で示してあります。本書についている消えるフィルターを利用すると、赤刷りの文字が消え、何度でも繰り返して確認できます。

●書き込みやすい解答欄

▼設問の解答欄は大きくとってあり、書き込みやすいノート式です。わからない設問があっても、時間をかけて考えることがたいせつです。解答編を見る前に、上段の「**チェックポイント**」や「**ワンポイントアドバイス**」で再確認してください。

●丁寧な解説つきの別冊解答編

▼別冊解答編は、「**解答**」のほか、「**くわしい解き方**」と「**解法のテクニック**」で構成されています。「くわしい解き方」は設問ごとに、解答を導くための丁寧な解説をしてありますから、本書は自学自習用にも十分に役立ちます。また、「解法のテクニック」は、設問を解くための注意点などを簡潔な表現でまとめてありますから活用してください。

もくじ

第1章　国文法の基礎知識

第2章　まぎらわしい語の識別

第3章　実戦模擬テスト

1

① 文・文節・単語

言葉の単位

ねらい

① 文を文節に分けられるようにしよう。
② 文や文節を単語に分けられるようにしよう。

（　月　日）

チェックポイント　文章→段落→文→文節→単語

❶ **文章**＝言葉で表され、ひとまとまりになっている全体をいう。ふつう、書き言葉のものを「文章」、話し言葉のものを「談話」という。

例　ある娘《むすめ》のお話をしましょう。

　この娘のおばあさんの家では、庭にいちごがつくってありました。おばあさんはそのいちごをたいせつにして、毎日のように庭を見回りました。

（島崎藤村「小さなみやげ話」）

❷ **段落**＝文章の中で、まとまった内容を表している一区切りをいう。文字で書く場合は、ふつうは段落の変わり目で改行し、段落の最初の一字分はあけて書く。

例　ある娘のお話をしましょう。　――**第一段落**
　この娘のおばあさんの家では、庭にいちごがつくってありました。おばあさんはそのいちごをたいせつにして、毎日のように庭を見回りました。　――**第二段落**

㊟ 右の文章は二つの段落からなる。

1　**例にならって、次の各文を文節に区切りなさい。**

例　ある＜娘の＜お話を＜しましょう。

(1) 私は数学と理科が好きだ。
(2) テレビを消して読書をする。
(3) 山道は急に険しくなった。
(4) 天気がいいので外で遊ぼう。
(5) 書店で友達とばったり出会う。
(6) 日本は豊かな自然に恵《めぐ》まれている。
(7) たぶん彼《かれ》は来ないだろう。
(8) 父と母はイギリスへ行っています。
(9) 辺りが急に暗くなり、風も強く吹《ふ》きだした。
(10) 山田君、その本を取ってくれないか。

2　**例にならって、次の各文を単語に区切りなさい。**

例　ある＜娘＜の＜お話＜を＜し＜ましょ＜う。

(1) サッカーの試合を見に行く。
(2) 音楽を聞きながら散歩する。
(3) 友達の家へ自転車で行く。
(4) 彼こそキャプテンにふさわしい人だ。
(5) 決して正しいとはいえないだろう。

❸ **文**＝段落の中で、句点（。）による一区切りをいう。場合によっては、段落が一つの文でできていることもある。

例 A ある娘のお話をしましょう。B この娘のおばあさんの家では、庭にいちごがつくってありました。C おばあさんはそのいちごをたいせつにして、毎日のように庭を見回りました。

注 右の文章はA・B・Cの三つの文からなる。

❹ **文節**＝文を、発音や意味のうえから不自然にならないように、できるだけ小さく区切ったものをいう。

例 この／娘の／おばあさんの／家では、／庭に／いちごが／つくって／ありました。／おばあさんは／その／いちごを／たいせつに／して、／毎日のように／庭を／見回りました。

注 右の文章は十六の文節からなる。

❺ **単語**＝文節を、それ以上区切ると意味やはたらきがなくなる限界まで分けたもの。言葉の最小の単位。

例 ある／娘／の／お話／を／し／ましょ／う。

注 右の文は八単語からなる。

ワンポイントアドバイス

●**文節の切れ目には「ネ」が入る！**

例 ある(ネ)娘の(ネ)お話を(ネ)しましょう(ネ)。

3 次の文章を読んで、後の問いに答えなさい。

あるところの奥《おく》さんがイギリスのロンドンへ遊びにまいりまして、①よく公園の方へでかけました。奥さんは、②その公園で、あみものをしたり、本を読んだりして、時を送るのを楽しみに思いました。

なぜかといいますと、③そこには静かな木《こ》かげがあって、木でも草でも新しくて、いい花のにおいがしてきましたから。そこには、また木と木の間に湖水がみえて、④たいへん景色のいいところでありましたから。

（島崎藤村「小さなみやげ話」）

(1) この文章は、いくつの段落と文からできているか答えなさい。

[　　] 段落　[　　] 文

(2) ――線②・④を、**1**の例にならって文節に区切りなさい。

② その公園で、あみものをしたり、本を読んだりして、

④ たいへん景色のいいところでありましたから。

(3) ――線①・③を、**2**の例にならって単語に区切りなさい。

① よく公園の方へでかけました。

③ そこには静かな木かげがあって、

2 ① 文・文節・単語
文の成分

ねらい
① 五種類の文の成分を言えるようにしよう。
② 文の基本である主語と述語の文節は、特に正確に見つけられるようにしよう。

〔　月　日〕

第1章

チェックポイント 主語・述語・修飾語・接続語・独立語

文節は、文の中で他の文節と関係をもって文をつくっている。このような文節の一つ一つを「文の成分」といい、次の五種類がある。

❶ **主語** =「何が」「何は」「何も」「何こそ」「何さえ」などの形をとる文節をいう。

例 風が　吹《ふ》く。　山は　高い。
ぼくも　行く。　君こそ　主役だ。

注 ──線の文節が主語になる。

❷ **述語** =「どうする」「どうである」「何だ」「ある（ない・いる）」などの形をとる文節をいう。ふつうは文末にある。

例 風が　吹く。　山は　高い。
ぼくも　行く。　君こそ　主役だ。
あれが　学校だ。　活気が　ある。

注 ＝線の文節が述語になる。

❸ **修飾語《しゅうしょく》** =「何を」「いつ」「どこで」「どのように」「何の」「どんな」などのように、下にある文節の内容をくわしく説明する文節をいう。

例 A春の　雨が　B静かに　降る。

1 **例にならって、次の各文を文節に区切り、主語と述語の文節をそれぞれ抜《ぬ》き出しなさい。**

例 冷たい／風が／吹く。

主語	述語
風が	吹く

(1) 白い雲がぽっかりと浮《う》かぶ。

主語	述語

(2) 庭に咲《さ》いている花はスミレだ。

主語	述語

(3) 弟といっしょにぼくも見に行く。

主語	述語

2 **次の各文から修飾語の文節を抜き出し、どの文節に係っているかも答えなさい。**

(1) みごとな　花が　咲いた。

修飾語	係る文節

(2) ゆっくりと　人が　走る。

修飾語	係る文節

注 〜〜〜線の文節が修飾語になる。Aはいつの「雨が」(主語)かを説明し、Bはどのように「降る」(述語)かを説明している。

4 **接続語** ＝前の文や文節を後の文や文節につなぐはたらきをする文節をいう。

例 明日からテストだ。しかし(A)、勉強が手につかない。

例 晴れたので(B)、外で遊んだ。

注 Aは単語で接続語になっているが、Bのように理由・原因・条件などを表す文節が接続語になることもある。

5 **独立語** ＝ほかの文節と直接に関係がなく、それだけで独立している文節をいう。感動・呼びかけ・応答・あいさつ・提示などを表す。

例 ああ、気持ちのいい朝だ。(感動)

例 先生、質問があります。(呼びかけ)

例 はい、その通りです。(応答)

例 こんにちは、今日も寒いね。(あいさつ)

例 十月十日、この日は体育大会だ。(提示)

ワンポイントアドバイス

- **主語はふつう述語の前にある！**
- **述語はふつう文末にある！**
- **接続語・独立語はふつう文の初めにある！**
- **修飾語はふつう下の文節を説明している！**

3 **次の各文から接続語の文節を抜き出しなさい。**

(1) 雨は降っている。けれども、出発した。
(2) 解き方を変えてみた。すると、すぐ解けた。
(3) 風邪《かぜ》をひいてしまった。だから、学校を休んだ。
(4) 暑いが、がまんしよう。
(5) 中学生だから、無料である。

(1)	(2)	(3)	(4)	(5)

4 **次の各文から独立語を抜き出し、何を表しているか後から選び、記号で答えなさい。**

(1) さようなら、また明日ね。
(2) 五月十日、この日は私の誕生《たんじょう》日だ。
(3) まあ、しばらくぶりです。
(4) もしもし、田中さんですか。
(5) いいえ、それは違《ちが》います。

ア 感動　イ 呼びかけ　ウ 応答
エ あいさつ　オ 提示

	(1)	(2)	(3)	(4)	(5)
独立語					
記号					

3

① 文・文節・単語

文節と文節の関係 (1)

ねらい
① 主語と述語の関係を押さえよう。
② 修飾と被修飾の関係を押さえよう。
③ 接続語の文節と受ける文節の関係を押さえよう。

〔　月　日〕

チェックポイント　主語・述語／修飾・被修飾／接続

文の成分である文節は、その関係のしかたによって、六種類に分けられる。

❶ **主語・述語** の関係＝主語と述語の二つの文節の関係をいう。

《主語・述語の関係の基本パターン》

〈主語〉 **何が** ―― 〈述語〉 **どうする** / **どうである** / **何だ** / **ある(ない・いる)**

㊟ 主語の文節は、「何は」「何も」「何こそ」「何さえ」などの形をとることもある。

例　美しい　花が〈主語〉　一面に　咲《さ》いた。〈述語〉（主語・述語の関係）

例　彼《かれ》こそ〈主語〉　キャプテンに　ふさわしい。〈述語〉（主語・述語の関係）

❷ **修飾《しゅうしょく》・被《ひ》修飾** の関係＝内容をくわしく説明する文節を修飾語といい、説明を受ける文節を被修飾語という。この二つの文節の関係を修飾・被修飾の関係という。

修飾語のうち、体言(「花」「彼」「キャプテン」など、物や人

1 次の各文の――線部は、述語の文節である。この文節の主語を、一文節で抜《ぬ》き出しなさい。

(1) 激しい風が、一日中吹《ふ》き荒《あ》れていた。

(2) 猛暑《もうしょ》にもかかわらず、弟は外で遊んでいる。

(3) 母とともに、ぼくもデパートへ行った。

(4) 風だけでなく、雨さえ降りだした。

(5) 明日こそ必ず、ぼくはレポートを仕上げるぞ。

(6) 私は漫画《まんが》を読み①、姉は母の手伝いをした②。

①

②

や事柄《ことがら》などの名前を表す言葉）を含《ふく》む文節を修飾するものを連体修飾語、用言（「美しい」「咲く」「ふさわしい」など、動作や存在、状態や性質などを表す言葉）を含む文節を修飾するものを連用修飾語という。

例　美しい　花が　一面に　咲いた。
〈修飾語〉〈被修飾語〉〈修飾語〉〈被修飾語〉
（美しい→花が：修飾・被修飾の関係／一面に→咲いた：修飾・被修飾の関係／花が―咲いた：主語・述語の関係）

注　「美しい」は、「花」という体言を含む文節を修飾しているから、「連体修飾語」になる。「一面に」は、「咲く」という用言を含む文節を修飾しているから、「連用修飾語」になる。

❸ **接続の関係**＝接続語の文節と、それを受ける文節との関係をいう。

例　冬だ。しかし、寒くない。（しかし、―寒くない。：接続の関係）

例　冬だが、寒くない。（冬だが、―寒くない。：接続の関係）

注　「冬だが」は、「が」を使うことで条件を表す文節になり、その文節と後の文節（寒くない）をつなぐはたらきをしている。

ワンポイントアドバイス

●主語・述語の関係は　まず文末に注目して述語を　割り出せ！

---

2 **次の各文から、——線部の被修飾語を一文節で抜き出し、その修飾語（——線部）が連体修飾語ならA、連用修飾語ならBと答えなさい。**

(1) ①厳しい　②寒波で、交通機関が混乱する。

① 　②

(2) 父が、①私に、②思い出の品のグローブをくれた。

① 　②

(3) ①友達と、②志望校の文化祭に行く予定だ。

① 　②

3 **次の各文から、接続の関係にある文節を、例にならって図示しなさい。**

例　冬だ。しかし、寒くない。

(1) 雨がやんだ。だから、体育大会は決行された。

(2) 急に寒くなったので、あわててストーブを出す。

(3) 彼女《かのじょ》は中学生だけれども、英検一級の資格を持っている。

4 ① 文・文節・単語

文節と文節の関係（2）

ねらい

① 補助の関係は試験に出題されやすいので、しっかりと理解しよう。

② 連文節とはどういうものであるかを理解しよう。

（　月　日）

チェックポイント　並立《へいりつ》／補助／独立

④ **並立** の**関係**＝二つ以上の文節が、対等に並んでいる文節の関係をいう。対等に並んでいる文節は、入れ替《か》えても文の意味が変わらない。

例　ぼくは、英語と　数学が　得意だ。

（英語と　数学が：並立の関係／入れ替えても文意は変わらない）

注　並立の関係にある複数の文節は、一まとまりになって一つの文の成分になる。例では、「英語と数学が」で修飾部になっている。（「得意だ」が述語。）

⑤ **補助** の**関係**＝下の文節が、すぐ上の文節の意味を補って、一まとまりのはたらきをする文節の関係をいう。

例　① 動物園に　ライオンが　いる。

② ライオンが　えさを　食べて　いる。

注　①の「いる」は、「ライオンが」を受けてその存在を表している。一方、②の「いる」は、存在するという本来の意味が薄《うす》れて、「食べる」という動作を補ったものになっている。この「食べて」と「いる」のような関係を補助の関係という。

補助の関係は、下の文節が補助し、上の文節が補助されているため、修飾《しゅうしょく》・被《ひ》修飾の関係とは係り受けが反対なので注意する。下の文節を**補助語**という。

1 **次の各文から、並立の関係になっている文節を抜《ぬ》き出しなさい。**

(1) 弟は、飛んだり跳《は》ねたりして喜んだ。

(2) 私の生まれ故郷は、静かで平和な町です。

(3) 京都《きょうと》と奈良《なら》は、日本の代表的な古都である。

(1)	(2)	(3)

2 **次の各文から、補助の関係になっている文節を抜き出し、さらに、それが文の成分のどれに当たるかを後から選び、記号で答えなさい。**

(1) 毎日、私は新聞を読んでいる。

(2) 私はまだ高校生でない。

(3) 飛んできたボールが、顔面に当たった。

(4) 勇気を出してやってみたが、失敗した。

(5) テーブルに置いてあるお菓子《かし》を食べる。

ア　主部　　イ　述部　　ウ　修飾部

エ　接続部　　オ　独立部

(1)	(2)	(3)	(4)	(5)

例　笑って　いる。〈補助語〉（補助の関係）　美しい　富士山。（修飾・被修飾の関係）

《補助語の例―ふつうひらがなで書く》

教えて　**あげる。**	買って　**くる。**	試して　**みる。**
置いて　**ある。**	助けて　**くれる。**	買って　**もらう。**
飛んで　**いく。**	捨てて　**しまう。**	教えて　**やる。**
座って　**いる。**	真実で　**ない。**	やせて　**ゆく。**
放って　**おく。**	お話しに　**なる。**	食べて　**ほしい。**

補助語の上の文節は「～て・～で」の形が多い

❻ 独立の関係＝他の文節と関係がなく独立している文節を、独立語（7ページ参照）という。「独立の関係」とは、独立語と他の文節の関係をいう。

例　さようなら、また明日。

チェックポイント　連文節

連文節＝二つ以上の文節がまとまって、主語や述語などの一つの文の成分になるものをいう。また、「並立の関係」と「補助の関係」の文節は、必ず連文節になる。

例　私は、英語と　数学が　得意だ。
（主語／修飾語の連文節（修飾部）／並立の関係／述語）

例　ライオンが　えさを　食べて　いる。
（主語／述語の連文節（述部）／補助の関係）

※連文節でできている文の成分は、「主部・述部・修飾部」などということがある。

3 **次の文章を読んで、後の問いに答えなさい。**

これは、わたしが小さいときに、村の茂平《もへい》というおじいさんから聞いた①お話です。

むかしは、②わたしたちの村の近くの、中山というところに③小さな④お城があって、中山さまというお殿《との》さまがおられたそうです。

その中山から、⑤少し⑥離《はな》れた山の中に、「ごんぎつね」というきつねがいました。ごんぎつねは、ひとりぼっちの小ぎつねで、しだのいっぱいしげった森の中に穴を⑦掘《ほ》って⑧住んでいました。⑨そして、⑩夜でも⑪昼でも、あたりの村へでてきて、いたずらばかりしました。

（新美南吉《にいみなんきち》「ごんぎつね」）

(1)　――線①の主語を答えなさい。

(2)　――線②が係っている文節を、一文節で答えなさい。

(3)　――線⑨の文の成分の種類を答えなさい。

(4)　③と④、⑤と⑥、⑦と⑧、⑩と⑪の文節の関係として適当なものを次から選び、記号で答えなさい。

ア　主語・述語　**イ**　修飾・連体修飾
ウ　修飾・連用修飾　**エ**　接続
オ　並立　**カ**　補助　**キ**　独立

③と④	⑤と⑥	⑦と⑧	⑩と⑪

5 文の種類

① 文・文節・単語

ねらい
① 文の種類は二つに分類できることを知っておこう。
② 構造上の種類は、主語・述語の関係に注目して見分けられるようにしよう。

（　月　日）

チェックポイント　構造上の三種類／意味上の四種類

文の種類は、主語・述語などの文の成分の組み立て方からみた**構造上の種類**と、言おうとしている内容や性質などからみた**意味上の種類**との二つに分類できる。

構造上の種類

❶ **単文**＝主語・述語の関係が一つしかない文。

例 私の　姉は　今年で　十八歳《さい》だ。
〈主部〉私の姉は〈主語〉姉は　〈述部〉今年で十八歳だ〈述語〉十八歳だ

㊟「私の」は、「姉は」を修飾《しゅうしょく》していて、「私の姉は」の連文節で主部になっている。「今年で」は、「十八歳だ」を修飾していて、「今年で十八歳だ」の連文節で述部になっている。つまり、右の文には主語と述語は一つずつしかない。このような文を**単文**という。

❷ **複文**＝主語・述語の関係が二つ以上あり、一方の主語・述語の関係が連文節となって、ほかの文節を修飾している文。修飾部にも必ず主語・述語の関係がある。

例 桜の　咲く　春が　来た。
（連文節）桜の〈主語〉咲く〈述語〉〈修飾語〉　春が〈主語〉〈主部〉　来た〈述語〉〈述語〉

---

1 例にならって、次の各文を構造上の種類で分類したときの文の成分、あるいは文節の関係を［　］に記入し、さらに、その文の種類を下の□の中に記入しなさい。

例 私は　チャイムの　鳴るのを　聞いた。
［主部］私は［主語］　［述部］チャイムの［主語］　鳴るのを［述語］　聞いた［述語］
チャイムの→鳴るのを　修飾・被修飾の関係
チャイムの鳴るのを→聞いた　修飾・被修飾の関係
複文

(1) 小学校時代の　友達が　優勝した。
［　］部　［　］語　［　］部　［　］語
小学校時代の→友達が　修飾・被修飾の関係
□

(2) 私は　彼が　言った　言葉を　忘れない。
［　］部［　］語　［　］部［　］語［　］語［　］語
彼が言った→言葉を　修飾・被修飾の関係
彼が言った言葉を→忘れない　修飾・被修飾の関係
□

(3) 姉は　高校生で　弟は　小学生だ。
［　］語［　］語　［　］語［　］語
［　］の関係
□

㊟ 主語・述語の関係は、「桜の咲く」と「春が来た」の二つある。ところが、「桜の咲く」(連文節)は、下の主語「春が」を修飾しているので、「桜の咲く春が」で主部になり、下の「来た」と主語（部）・述語の関係になる。

❸ **重文** ＝二つ以上の主語・述語の関係が、並立《へいりつ》の関係で並んでいる文。

例 雨が〈主語〉 降るし、〈述語〉 風も〈主語〉 吹《ふ》く。〈述語〉（並立の関係）

㊟ 主語・述語をセットで入れ替《か》えても、文意は変わらない。

意味上の種類

❶ **平叙《へいじょ》文**＝断定・推量などを表す文。

例 雨が降る。　春が来た。　彼《かれ》は来るだろう。

❷ **疑問文**＝疑問や反語を表す文。

例 雨が降るだろうか。　こんなことをやっていていいのか。

❸ **感動文**＝感動や詠嘆《えいたん》を表す文。

例 ああ、驚《おどろ》いた。　まあ、きれい。

❹ **命令文**＝命令・禁止・願望・依頼《いらい》などを表す文。

例 こっちへ来い。　そこへ行くな。　ぜひ見せて。

ワンポイントアドバイス

● **構造上の種類は、まず、主語・述語の数と位置に注目！**

2 **次の各文の意味上の種類として適当なものを後から選び、記号で答えなさい。ただし、同じ記号を二度以上使用してもよい。**

(1) そんなことをだれができようか。
(2) そんなことをできる者はいない。
(3) 彼の言葉に耳を疑った。
(4) 彼は、今、何と言ったのだ。
(5) 美しい景色にうっとりする。
(6) なんと美しい景色なんだろう。
(7) 急いだので、学校に遅《おく》れなかった。
(8) 急げ、学校に遅れるぞ。
(9) ぜひ連れていってください。
(10) それなら連れていってやろう。

ア 平叙文　**イ** 疑問文
ウ 感動文　**エ** 命令文

(1)	(6)
(2)	(7)
(3)	(8)
(4)	(9)
(5)	(10)

6

① 文・文節・単語

単語の分類

ねらい
① 単語が自立語か付属語か見分けられるようにしよう。
② 単語に活用があるかないか見分けられるようにしよう。

〔　月　日〕

チェックポイント　自立語か付属語か／活用があるか活用がないか

単語は、その性質によって十種類に分類される。その一つ一つを品詞という。単語の分類は、段階的に次のように分けられている。

❶ **自立語** か **付属語** か

自立語＝文節の最初にあって、それだけで文節を作れる単語。（八品詞）

付属語＝それだけでは文節が作れず、必ず自立語の下に付いて文節を作る単語。（二品詞）

例　私｜は｜犬｜と｜散歩する。

＝自立語の単語
―付属語の単語
……文節

❷ **活用が** ある **か** ない **か**

活用がある＝用い方によって形が変わるもの。

活用がない＝用い方によって形が変わらないもの。

❶と❷をまとめて図示すると次のようになる。

- 単語
  - 自立語
    - 活用がある単語（三品詞）
    - 活用がない単語（五品詞）
  - 付属語
    - 活用がある単語（一品詞）
    - 活用がない単語（一品詞）

1 次の各文から、自立語を出てきた順にすべて抜《ぬ》き出しなさい。

(1) 今日も気持ちのいい秋晴れだった。
(2) 父も母も旅行に行って留守です。
(3) クラスで一番足が速いのは、山田君だろう。
(4) サイレンの音が、こちらへ近づいてくる。
(5) 初めて富士山《ふじさん》に登って感動した。

(1)	(2)	(3)	(4)	(5)

2 次の各文から、活用がある自立語を、出てきた順にすべて抜き出しなさい。

(1) さわやかな風にさそわれて、ジョギングをしてきた。
(2) 急に辺りが暗くなり、激しく雨が降った。

(1)	(2)

自立語は、さらに文の成分（6ページ）によって、次の五種類に分類される。

自立語
- 活用がある ― **述語**になる単語［**用言**］
  - ウ段の音で終わる
  - 「い」で終わる
  - 「だ・です」で終わる
- 活用がない
  - **主語**になる単語［**体言**］
  - **修飾**《しゅうしょく》**語**になる単語
    - 主に用言を修飾する
    - 体言だけを修飾する
  - **接続語**になる単語
  - **独立語**になる単語

---

3 例にならって、次の各文の付属語のうち、活用のある付属語には＝線を、活用のない付属語には―線をつけなさい。

例 昨日はとても暑かった。

(1) 学校は、八時三十分から始まります。
(2) 雨が、まるで滝《たき》のように降る。
(3) 独りで郷里にいる祖母のことが案じられる。
(4) 雲が多くて、富士山はよく見えない。
(5) 弟と紙で飛行機を作って遊んだ。
(6) とても歩いては行かれない距離《きょり》だ。

述語になる単語を**用言**といい、主語になる単語を**体言**という。以上の内容をまとめて一覧表にしたのが、次の**品詞分類表**である。

品詞分類表

単語
- 自立語
  - 活用がある ― 述語になる［用言］
    - ウ段の音で終わる……動詞（読む・行く・植える）
    - 「い」で終わる……形容詞（美しい・早い・明るい）
    - 「だ・です」で終わる……形容動詞（静かだ・きれいです）
  - 活用がない
    - 主語になる［体言］……名詞（学校・自然・それ・彼《かれ》）
    - 修飾語になる
      - 主に用言を修飾する……副詞（たぶん・まだ・もっと）
      - 体言だけを修飾する……連体詞（この・大きな・とんだ）
    - 接続語になる……接続詞（しかし・また・そして）
    - 独立語になる……感動詞（まあ・もしもし・はい）
- 付属語
  - 活用がある……助動詞（れる・られる・だ・た）
  - 活用がない……助詞（が・は・の・を・さえ）

㊟ 体言を名詞のほかに、代名詞を一つの品詞として扱《あつか》っている品詞分類表もあるが、本書は中学校の教科書に従った。

入試問題で力だめし ①

1 次の(1)～(7)の問いに答えなさい。

(1) 回数券は一枚ずつ減っていくを文節に区切るとどうなるか。適当なものを次から一つ選び、記号で答えなさい。

ア 回数券は／一枚ずつ／減っていく。

イ 回数券は／一枚ずつ／減って／いく。

ウ 回数券は／一枚／ずつ／減っていく。

エ 回数券は／一枚／ずつ／減って／いく。

〔三重〕

(2) 言葉の正しさの規範《きはん》意識もそこからうまれ出るようだは、いくつの文節からできているか。その数を答えなさい。

〔埼玉〕

(3) 二〇〇八年に登場した「琉神《りゅうじん》マブヤー」は、沖縄《おきなわ》の正義を守るヒーローだは、いくつの文節からできているか。その数を答えなさい。

〔沖縄〕

(4) 例にならって、小学生のころはおなじみの遊びだったがを文節に区切りなさい。

例 桜が｜きれいに｜咲いた。

小学生のころはおなじみの遊びだったが

〔岩手〕

(5) 例にならって、一体、人間の頭の良さの特徴《とくちょう》とは何かを、文節に区切りなさい。

例 花が、／きれいに／咲《さ》く。

一体、人間の頭の良さの特徴とは何か

〔長野〕

(6) 例にならって、その坂を越《こ》えた後は疲《つか》れなど感じさせないように頑張《がんば》ったを、文節に区切りなさい。

例 雨や｜風が｜強い。

その坂を越えた後は疲れなど感じさせないように頑張った

〔大分〕

(7) わたしがいようがいまいがについて、次の①②に答えなさい。

① 例にならって、文節の切れ目に斜線《しゃせん》を入れなさい。

例 メロスは／激怒《げきど》した。

わたしがいようがいまいが

② 文節同士の関係を次から二つ選び、記号で答えなさい。

ア 補助　**イ** 並立《へいりつ》　**ウ** 修飾《しゅうしょく》・被《ひ》修飾

エ 接続　**オ** 主語・述語

〔長崎〕

2 次の(1)～(4)の問いに答えなさい。

(1) みんなを待っていたを単語に区切るとどうなるか。適当なものを次から一つ選び、記号で答えなさい。

ア みんなを―待っていた。
イ みんなを―待って―いた。
ウ みんな―を―待っ―て―いた。
エ みんな―を―待っ―て―い―た。

〔三重〕

(2) ①詠《よ》まれるのに・②絶えてなかったの単語の区切りとして正しいものを次からそれぞれ選び、記号で答えなさい。

① ア 詠まれる―の―に　イ 詠ま―れる―の―に
ウ 詠まれる―のに　エ 詠まれ―る―の―に

② ア 絶え―て―なかっ―た　イ 絶えて―なかった
ウ 絶えて―なかっ―た　エ 絶え―て―なかった

〔十文字高〕

(3) 走っている兄の姿を見たはいくつの単語からできているか。その数を答えなさい。

〔千葉〕

(4) 例にならって、越してしまっているのだろうかを、単語に分けなさい。

例 これ―は―私―の―本―だ。

越 し て し ま っ て い る の だ ろ う か

〔ラ・サール高〕

3 次の(1)～(3)の問いに答えなさい。

(1) 発せられて[A] いる[B]の二つの文節の関係として適当なものを次から一つ選び、記号で答えなさい。

ア 主語・述語の関係　イ 修飾・被修飾の関係
ウ 並立（対等）の関係　エ 補助の関係

〔大分〕

(2) 初めての 外国語をと文節の関係が同じものを次から一つ選び、記号で答えなさい。

ア 発音も文法も　イ 新鮮《しんせん》な驚《おどろ》きでも
ウ 聞かされてきた　エ 納得がゆくように

〔富山〕

(3) 鳥が高く飛んだという文の中で、①鳥が 飛んだ と②高く 飛んだのそれぞれの文節の関係を答えなさい。

〔山形〕

4 次の各文の――線部が修飾している言葉を、一文節で抜き出しなさい。

(1) 石油の大量消費の結果、地球温暖化という、人類の生存にもかかわる環境《かんきょう》の変化が起こっている。〔京都〕

(2) ふと、懐《なつ》かしそうに遠くを見ることがあって、ああこの犬は、とっても寂《さび》しいんだ、そう思った。〔福井〕

(3) たまたま自分にそういう機会が訪れたとき、結果としてそうしていたと気づくといった性質のものであると思う。〔お茶の水女子大附高〕

7 ② 品詞 活用がある自立語（1）―活用形―

ねらい
① 活用形を未然形から命令形まで正確に覚えよう。
② 活用形と活用の種類とを混同しないようにしよう。

（　月　日）

チェックポイント　活用・活用形・活用の種類

活用とは

単語によっては、次の例のように終わりの部分が変わるものがある。

例・書かナイ	・早かろウ	・静かだろウ
・書こウ	・早かっタ	・静かだっタ
・書きマス	・早くナイ	・静かでナイ
・書いタ	・早い。	・静かにナル
・書く。	・早いトキ	・静かだ。
・書くトキ	・早けれバ	・静かなトキ
・書けバ		・静かならバ
・書け。		

右の□のように、終わりの部分が変わることを活用といい、形の変わる□の部分を活用語尾、形の変わらない部分（右の例の「書・早・静か」）を語幹という。

なお、「見る・来る・する」など、語幹と語尾の区別がない単語もある。

活用形とは

語尾の変化（活用）のそれぞれの形を活用形といい、用い方によって次の**六種類**がある。

・未然形＝未《いま》だそうなっていない形。
・連用形＝他の用言や「た・て・ます」などに連なる形。
・終止形＝言い切る形。

---

1 活用がある自立語に当たる品詞を、三つ書きなさい。

2 次の各文の――線部は、活用がある自立語の語幹である。（　）に合う活用語尾を答えなさい。

(1) ゆっくり歩（①）て学校へ行（②）。
(2) 雨が降（③）ているので、中止にな（④）た。
(3) 桜はまだ咲《さ》（⑤）ないが、梅は散（⑥）た。
(4) なかなか起（⑦）ないので、母に起こ（⑧）れた。
(5) 参加者は意外に多（⑨）た。
(6) 彼女《かのじょ》は美し（⑩）心の持ち主だ。
(7) 夏休みはさぞ楽し（⑪）う。
(8) あの人といると、きっとゆかい（⑫）う。
(9) 春がやって来て、ずいぶん暖か（⑬）なった。
(10) きれい（⑭）花が一面に咲（⑮）ている。

①	⑥	⑪
②	⑦	⑫
③	⑧	⑬
④	⑨	⑭
⑤	⑩	⑮

・連体形＝体言に連なる形。
・仮定形＝「もし〜ならば」と仮定する形。
・命令形＝命令して言い切る形。形容詞・形容動詞には命令形はない。

これらの六種類を整理し表にしたものを活用表という。
前ページの例の活用表は次のようになる。

例語	語幹	未然形	連用形	終止形	連体形	仮定形	命令形
書く	か	─か ─こ	─き ─い	─く	─く	─け	─け
早い	はや	─かろ	─かっ ─く	─い	─い	─けれ	○
静かだ	しずか	─だろ	─だっ ─で ─に	─だ	─な	─なら	○

注 命令形の○印は、活用しないことを表している。

活用の種類とは

用言のうち、**動詞**は活用のしかたによって**五種類**に分けられる。

・五段活用（20ページ）
・上一段活用（21ページ）
・下一段活用（21ページ）
・カ行変格活用（21ページ）
・サ行変格活用（21ページ）

ワンポイントアドバイス
●**「活用形」と「活用の種類」を混同しないように！**

3 上段の活用表を参考にして、――線部の活用形を後から選び、記号で答えなさい。

(1) 手紙を①書くときは、丁寧《ていねい》に②書きなさい。
(2) 手紙を③書こうと思ったが④書かなかった。
(3) 急いで返事を⑤書け。
(4) ⑥早い時間に起きたので、予定が⑦早く終わった。
(5) ⑧早ければ⑨早いほど大歓迎《かんげい》です。
(6) 今日は一日中、⑩静かだった。
(7) ⑪静かな夜に読書をして過ごす。
(8) 休みの日はさぞ⑫静かだろう。

ア 未然形　イ 連用形　ウ 終止形
エ 連体形　オ 仮定形　カ 命令形

①	②	③	④
⑤	⑥	⑦	⑧
⑨	⑩	⑪	⑫

4 **次の文章から、活用がある自立語を、そのままの形ですべて抜《ぬ》き出しなさい。**（「虫取り」は含《ふく》めない。）

まだ小学校に通ったころ、昆虫《こんちゅう》を集めることが友達仲間ではやった。自分も母にねだって蚊帳《かや》の破れたので捕虫網《ほちゅうあみ》を作ってもらって、土用の日盛りにも恐《おそ》れず、これを肩にかけて毎日のように虫取りに出かけた。（寺田寅彦《てらだとらひこ》「花物語」）

8

② 品詞

活用がある自立語（2）―動詞①―

ねらい
① 動詞の性質をおさえよう。
② 動詞の活用、五種類を言えるようにしよう。

（　月　日）

チェックポイント　動詞の性質

❶ 物事の動作（どうした）・作用（どうなる）・存在（ある）を表す。

例 ・手紙を **読む**。　・急いで **歩く**。〈動作〉
・雨が **降る**。　・水が **流れる**。〈作用〉
・駅が **ある**。　・家に **いる**。〈存在〉

❷ 活用がある自立語である。

例 ・花が**咲**《さ》**く**。　・花が **咲いた**。

❸ 単独で述語になることができる。

例 私は〈主語〉　学校へ〈修飾《しゅうしょく》語〉　**行く**。〈述語〉

❹ 言い切りの形（終止形）が、五十音図の**ウ**段の音（ウ・ク・ス・ツ・ヌ・フ・ム・ユ・ル）で終わる。（動詞のみの性質）

例 読**ム**・歩**ク**・降**ル**・流れ**ル**・あ**ル**・い**ル**

チェックポイント　動詞の活用の種類

動詞は活用のしかたによって、次の五種類に分けられる。くわしくは22ページ以降を参照のこと。

❶ **五段活用**＝活用語尾が、五十音図のア・イ・ウ・エ・オの五段にわたって活用する。例 咲く・泳ぐ・読む

---

1 次から動詞をすべて抜《ぬ》き出し、記号で答えなさい。

ア おはよう　イ 愛情　ウ 愛する
エ 悲しい　オ 悲しみ　カ 悲しむ
キ おめでとう　ク 見にくい　ケ 見送る
コ 流れる　サ 流す　シ めでたい
ス きれいだ　セ 寒い　ソ 喜ぶ

2 例にならって、次の各文から動詞を抜き出し、言い切りの形（終止形）も答えなさい。（一文に動詞一つとは限らない。）

例 弟と話した。答 話し→話す

(1) 成功すれば喜ばれるだろう。
(2) ここから家まで歩いて帰るには遠い。
(3) カラオケで歌う曲を決めた。
(4) 木から落ちないように注意せよ。

(1)	(3)
・終止形	
(2)	(4)
・終止形	

五十音図の行	例語	語幹	活用形 未然形	連用形	終止形	連体形	仮定形	命令形
			ア・オ段	イ段	ウ段	ウ段	エ段	エ段
カ行	咲く	さ	—か —こ	—き —い	—く	—く	—け	—け

❷ **上一段活用**＝活用語尾が、五十音図のイ段だけで活用する。例 起きる・着る・用いる・落ちる・見る

五十音図の行	例語	語幹	未然形	連用形	終止形	連体形	仮定形	命令形
			イ段	イ段	イ段＋る	イ段＋る	イ段＋れ	イ段＋(ろよ)
カ行	起きる	お	—き	—き	—きる	—きる	—きれ	—きろ —きよ

❸ **下一段活用**＝活用語尾が、五十音図のエ段だけで活用する。例 受ける・投げる・出る・寝る・流れる

五十音図の行	例語	語幹	未然形	連用形	終止形	連体形	仮定形	命令形
			エ段	エ段	エ段＋る	エ段＋る	エ段＋れ	エ段＋(ろよ)
カ行	受ける	う	—け	—け	—ける	—ける	—けれ	—けろ —けよ

❹ **カ行変格活用**＝カ行のイ・ウ・オ段の三段にわたる、特別な活用をする。略して「**カ変**」という。「来る」のみ。

五十音図の行	例語	語幹	未然形	連用形	終止形	連体形	仮定形	命令形
			オ段	イ段	ウ段＋る	ウ段＋る	ウ段＋れ	オ段＋い
カ行	来る	○	こ	き	くる	くる	くれ	こい

注 「来る」には、語幹と活用語尾の区別がない。

❺ **サ行変格活用**＝サ行のア・イ・ウ・エの四段にわたる、特別な活用をする。略して「**サ変**」という。「する」「〜する」。

五十音図の行	例語	語幹	未然形	連用形	終止形	連体形	仮定形	命令形
			ア・イ・エ段	イ段	ウ段＋る	ウ段＋る	ウ段＋れ	イ段＋ろ エ段＋よ
サ行	する	○	さ し せ	し	する	する	すれ	しろ せよ

注 「する」には、語幹と活用語尾の区別がない。

---

3 **次の動詞を、語幹と活用語尾に分けなさい。**

ア 信じる　イ 越《こ》える　ウ ゆでる
エ 用いる　オ 乗る　カ 飛ぶ
キ 述べる　ク 消す　ケ 借りる

	語幹	活用語尾
ア		
ウ		
オ		
キ		
ケ		

	語幹	活用語尾
イ		
エ		
カ		
ク		

4 **次の各文の(　)に合うように、下の動詞を活用させなさい。**

(1) 宿題を忘れたことに(　)た。 [気づく]
(2) (　)ば間に合うだろう。 [急ぐ]
(3) 明日の朝は早く(　)よう。 [起きる]
(4) それでは(　)ます。 [始める]
(5) (　)ないように注意しよう。 [笑う]

(1)	(2)
(3)	(4)
(5)	

〔　月　日〕

9 ②品詞 活用がある自立語（3）—動詞②—

ねらい
● 五段活用の活用のしかたや、音便などの特徴を押さえよう。

チェックポイント　五段活用・音便

◇次の動詞の活用語尾を入れてみよう。

(1)
・歩［か］ナイ
・歩［こ］ウ
・歩［き］マス
・歩［い］タ
・歩［く］。
・歩［く］トキ
・歩［け］バ
・歩［け］。

(2)
・読［ま］ナイ
・読［も］ウ
・読［み］マス
・読［ん］ダ
・読［む］。
・読［む］トキ
・読［め］バ
・読［め］。

(3)
・立［た］ナイ
・立［と］ウ
・立［ち］マス
・立［っ］タ
・立［つ］。
・立［つ］トキ
・立［て］バ
・立［て］。

◇これらの動詞を活用表にまとめると次のようになる。

	例語	語幹	未然形	連用形	終止形	連体形	仮定形	命令形
(1)	歩く	ある	—か —こ	—き —い	—く	—く	—け	—け
(2)	読む	よ	—ま —も	—み —ん	—む	—む	—め	—め
(3)	立つ	た	—た —と	—ち —っ	—つ	—つ	—て	—て
	下に続く主な語		ナイ ウ	マス タ(ダ) テ(デ)	言い切る	トキ	バ	命令で言い切る

五段活用には、次のような特色がある。

1 次の単語から五段活用の動詞をすべて抜《ぬ》き出し、記号で答えなさい。

ア 投げる　イ 落ちる　ウ 見る
エ 気づく　オ 浮《う》かぶ　カ 閉じる
キ 貸す　ク 信じる　ケ 飛び立つ

［　　　　］

2 次の各文から、五段活用の動詞を抜き出し、それぞれの活用形も答えなさい。

(1) あわてて火を消した。
(2) やっとのことでA組に勝った。
(3) 休まないで最後まで続けた。
(4) 勝てば3年ぶりだ。
(5) 山頂で腹の底から叫《さけ》んだ。
(6) 桜の花が散るときはさびしい。

	五段活用	活用形
(1)		
(3)		
(5)		

	五段活用	活用形
(2)		
(4)		
(6)		

❶ 五十音図のア・イ・ウ・エ・オの五段にわたって活用する。
(1) 歩く＝か・き・く・け・こ
(2) 読む＝ま・み・む・め・も
(3) 立つ＝た・ち・つ・て・と

❷ 未然形には二つの活用がある。
・「**ナイ**」に続く場合は、**ア段**に活用する。
・「**ウ**」に続く場合は、**オ段**に活用する。

(1) 歩**か**ナイ／歩**こ**ウ　(2) 読**ま**ナイ／読**も**ウ　(3) 立**た**ナイ／立**と**ウ

❸ 連用形が「タ(ダ)」や「テ(デ)」などに続く場合は、活用語尾が「い」「ん」「っ」のようになることがある。これは発音しやすいように音が変化したもので、音便という。動詞の音便《おんびん》は五段活用の連用形だけに起こる現象である。音便には次の三種類がある。

▼**イ音便**＝連用形が「い」になる。例 歩きタ→歩**い**タ
▼**撥《はつ》音便**＝連用形が「ん」になる。例 読みタ→読**ん**ダ
▼**促《そく》音便**＝連用形が「っ」になる。例 立ちタ→立っタ
㊟ 撥音便の場合、音便から続く「タ・テ」が「ダ・デ」と変化する。

❹ 動詞に「**ナイ**」をつけて、すぐ上の音が**ア段**なら**五段**活用になる。

ワンポイントアドバイス

● **動詞＋ナイ→ア段＋ナイなら五段！**

例 歩く＋ナイ→歩かナイ　「か」はア段だから五段活用

---

3 次の五段活用の動詞の活用表を完成させなさい。

例語	語幹	未然形	連用形	終止形	連体形	仮定形	命令形
聞く							
待つ							
学ぶ							
歌う							
惜《お》しむ							

4 次の各文から、音便の形の五段活用の動詞を抜き出し、さらに、音便の種類を後から選び、記号で答えなさい。

(1) スズメが鳴いている。
(2) 妹が漫画《まんが》を読んでいる。
(3) 学校まで走って行く。
(4) 泳いで川を渡《わた》る。
(5) 母はあわてて帰って来た。
(6) 上空を飛行機が飛んだ。

ア イ音便　イ 撥音便　ウ 促音便

(1)	(3)	(5)
記号	記号	記号
(2)	(4)	(6)
記号	記号	記号

10

②品詞

活用がある自立語（4）—動詞③—

ねらい

● 上一段・下一段・カ変・サ変動詞の特徴を押さえ、活用の種類を見分けられるようにしよう。

（　　月　　日）

チェックポイント 上一段活用・下一段活用

◇次の動詞の活用語尾を入れてみよう。

(1)
・信じナイ
・信じマス
・信じる。
・信じるトキ
・信じれバ
・信じろ。
・信じよ。
⇒ **上《かみ》一段活用**

(2)
・投げナイ
・投げマス
・投げる。
・投げるトキ
・投げれバ
・投げろ。
・投げよ。
⇒ **下《しも》一段活用**

(1)のように、活用語尾が**イ段**だけで活用する動詞を**上一段活用**、(2)のように、活用語尾が**エ段**だけで活用する動詞を**下一段活用**という。

◇これらの動詞を活用表にまとめると次のようになる。

〈上一段活用〉

例語	語幹	未然形	連用形	終止形	連体形	仮定形	命令形
(1) 信じる	しん	—じ	—じ	—じる	—じる	—じれ	—じろ —じよ

〈下一段活用〉

例語	語幹	未然形	連用形	終止形	連体形	仮定形	命令形
(2) 投げる	な	—げ	—げ	—げる	—げる	—げれ	—げろ —げよ
下に続く主な語 （上一・下一共通）		ナイ ヨウ	マス タ テ	言い切る	トキ	バ	命令で 言い切る

上一段活用・下一段活用には、次のような特色がある。

1 次の動詞の活用の種類として適当なものを後から選び、記号で答えなさい。

ア 見る　**イ** 見せる　**ウ** 似る　**エ** 休む
オ 愛する　**カ** 気づく　**キ** 着る　**ク** 飛ぶ
ケ 寝る　**コ** 閉める　**サ** 来る　**シ** 急ぐ
ス 信じる　**セ** 信ずる　**ソ** 得る　**タ** 有る

A 五段活用　B 上一段活用　C 下一段活用
D カ行変格活用　E サ行変格活用

ア	イ	ウ	エ	オ	カ	キ

ク	ケ	コ	サ	シ	ス	セ

ソ	タ

2 次の各文から動詞を抜《ぬ》き出し、活用の種類と活用形を答えなさい。

(1) 子犬の頭をなでた。
(2) ここから降りることは可能だろうか。
(3) 以下は省略します。

	動詞	活用の種類	活用形
(1)			
(2)			
(3)			

❶ 上一段活用は、五十音図のイ段だけで活用し、下一段活用はエ段だけで活用する。

❷ 命令形には、「―ろ」と「―よ」の二つの活用がある。

❸ 語幹と活用語尾の区別のない語がある。

例 上一段活用＝見る・居《い》る・着る・似る　など
下一段活用＝出る・寝る・得《え》る・経《へ》る　など

例語	語幹	未然形	連用形	終止形	連体形	仮定形	命令形
見る	○	み	み	みる	みる	みれ	みろ みよ
出る	○	で	で	でる	でる	でれ	でろ でよ

注 未然形と連用形の活用は一音になるため、語幹と活用語尾の区別ができない。

❹ 動詞に「ナイ」をつけて、すぐ上の音が**イ段**なら**上一段**活用、**エ段**なら**下一段**活用になる。

チェックポイント　カ行変格活用・サ行変格活用

特別な活用をする動詞に、「来る」と「する」「～する」「～ずる」がある。特別な活用のため**変格活用**という。

・**来る**……………カ行**変格活用（カ変）**
・**する・～する**…サ行**変格活用（サ変）**

注「来る」「する」は語幹と活用語尾の区別がない。

例語	語幹	未然形	連用形	終止形	連体形	仮定形	命令形
来る	○	こ	き	くる	くる	くれ	こい
する	○	さ し せ	し	する	する	すれ	しろ せよ

ワンポイントアドバイス

●**「ナイ」をつけ、すぐ上の音が**
ア段なら五段活用（書か～アナイ）
イ段なら上一段活用（起き～イナイ）
エ段なら下一段活用（受け～エナイ）

3 **次の活用表を完成させなさい。**

例語	語幹	未然形	連用形	終止形	連体形	仮定形	命令形
着る	○						
得る	○						
来る	○						
する	○						

4 **次から、「思い起こされる」の――線部の動詞と同じ活用をするものを一つ選び、記号で答えなさい。**

ア 五分も歩けば着くだろう。
イ 帰ったら家の手伝いをする。
ウ 母校の勝利を信じている。
エ 簡単に答えることができた。

〔静岡〕

5 **次から、「問うてみる」の――線部の動詞と同じ活用をするものを一つ選び、記号で答えなさい。**

ア 得る　イ 見る　ウ する
エ 来る　オ 乗る

〔高田高〕

6 **次から、「借りています」の――線部と同じ活用をするものを一つ選び、記号で答えなさい。**

ア 花を植えることができた。
イ 帰ったら学校の宿題をする。
ウ 用が済んだら帰って来い。
エ 毎朝六時には起きる。

〔茨城〕

11

②品詞

活用がある自立語（5）
―動詞④―

ねらい
● 動詞のいろいろな用法の特徴を押さえ、見分けられるようにしよう。

（　月　日）

チェックポイント　補助動詞・可能動詞・自動詞と他動詞

動詞には、言葉の意味を補ったり、「～することができる」という意味を表したり、「何を」という文節を必要とするか必要としないかで分けたりなど、さまざまな用法がある。

❶ **補助動詞（形式動詞）**＝10ページの「文節と文節の関係」で取り上げた補助の関係の補助語のうち、品詞が動詞の場合を補助動詞という。

例　ライオンが（主語）　えさを　食べて（述語）　いる。（補助語＝**補助動詞**）［補助の関係］

ここの「いる」は、「ライオンが　いる。」の「いる」に比べ、動詞本来の意味が薄《うす》れていて、直前の「食べて」の意味を補うはたらきをしている。このような動詞を**補助動詞**という。

なお、敬語として使われる動詞の中にも補助動詞として使われるものがある。

例
・話して　**いらっしゃる。**
・話して　**くださる。**
・読んで　**いただく。**
・読んで　**さしあげる。**

1 **次の各文から補助動詞を抜《ぬ》き出しなさい。ただし、補助動詞がない場合は、解答欄《らん》に×印を記入しなさい。**

(1) これは梅の花である。
(2) 机の上に週刊誌がある。
(3) 教室に友達がいる。
(4) まだ宿題が残っている。
(5) 教えられた通りにやってみる。
(6) 夕食後にテレビを見る。
(7) 小鳥にえさをやる。
(8) 弟に数学を教えてやる。

(1)	(5)
(2)	(6)
(3)	(7)
(4)	(8)

2 **次の各文から、可能動詞を、そのままの形で抜き出しなさい。**

(1) 父はドイツ語を読める。
(2) 母は自転車に乗れない。
(3) 暖かいので五月でも泳げた。
(4) 道に迷って家へ帰れなかった。

(1)
(2)
(3)
(4)

❷ 可能動詞＝「〜することができる」という意味を表す動詞のことで、次のような特色がある。

(1) すべて下一段活用をする。
(2) 活用形のうち命令形はない。
(3) 五段活用の動詞に「れる」がついて一つの動詞になったものである。したがって、可能動詞に対応する五段活用の動詞が必ずある。

例 ・漢字が書ける。
・書ける(下一段)
↔
・書く(五段)

例語	未然形	連用形	終止形	連体形	仮定形	命令形
書ける	—け	—け	—ける	—ける	—けれ	○
書く	—か —こ	—き —い	—く	—く	—け	—け

❸ 自動詞＝「何を」という対象を表す言葉(文節)を必要としない動詞。

例 ・人が 集まる。 ・妹が 起きる。

他動詞＝「何を」という対象を表す言葉(文節)を必要とする動詞。

例 ・人を 集める。 ・妹を 起こす。

見分け方
上にくる語が「が」なら自動詞
上にくる語が「を」なら他動詞

注 ただし、「道を歩く」の「を」は場所を示すものだから「歩く」は自動詞である。

ワンポイントアドバイス

● 補助動詞の上の文節は「〜て・〜で」の形が多い！

3 次の動詞のうち、可能動詞が作れるものを選んで記号で答え、さらにその可能動詞も書きなさい。

ア 歩く　イ 燃える　ウ 登る　エ やる
オ 植える　カ 飛ぶ　キ 着る　ク 解く

記号	可能動詞	記号	可能動詞	記号	可能動詞

4 次の各文の——線部は自動詞である。これを他動詞に直し、文意が通るように全文を書き直しなさい。

(1) 会場に人が集まる。
(2) 新学期から校則が変わる。
(3) サッカー大会が始まる。
(4) 桜の枝が折れる。
(5) 順調に計画が進む。

(1)	(2)	(3)	(4)	(5)

12 ② 品詞 活用がある自立語（6）―形容詞―

ねらい
① 形容詞の性質を押さえよう。
② 形容詞の活用のしかたを押さえよう。
③ 補助形容詞・語幹の用法を押さえよう。

（　月　日）

チェックポイント 形容詞の性質

❶ 物事の性質・状態（どんなだ）を表す。
例 ・表情が **かたい**。　・どこまでも **青い** 空。
・**かわいらしい** 手。　・冬は とても **寒い**。

❷ 活用がある自立語である。
例 ・カバンが **重い**。　・カバンが**重かった**。

❸ 単独で述語になることができる。
例 父は〈主語〉 とても〈修飾《しゅうしょく》語〉 やさしい。〈述語〉（形容詞）

❹ 言い切りの形（終止形）が「―い」で終わる。
例 かたい・青い・かわいらしい・寒い

❺ 形容詞は活用形に命令形がない。

チェックポイント 形容詞の活用表

◇次の形容詞の活用語尾を入れてみよう。

(1)
・美し［かろ］ウ
・美し［かっ］タ
・美し［く］ナル
・美し［い］。
・美し［い］トキ
・美し［けれ］バ

(2)
・おだやかで な［かろ］ウ
・おだやかで な［かっ］タ
・おだやかで な［く］ナル
・おだやかで な［い］。
・おだやかで な［い］トキ
・おだやかで な［けれ］バ

1 次の文から形容詞を抜《ぬ》き出し、活用表を完成させなさい。

・山に登ると、木の葉が赤く染《そ》まっていた。

語幹	未然形	連用形	終止形	連体形	仮定形	命令形

2 次の各文の――線部から、補助形容詞（形式形容詞）をすべて選び、記号で答えなさい。

ア 手元にお金がない。
イ みっともないことはやめよう。
ウ そのやり方は正しくない。
エ こんな景色を見たことがない。
オ 賛成している人は多くない。
カ よくないことをして注意される。
キ だらしない生活をしている。

3 次の文の――線部を、言い切りの形に直しなさい。

・封筒《ふうとう》の容量が大きければ、たくさんの思いが入ります。

〔埼玉〕

これらの形容詞を活用表にまとめると次のようになる。

例語	語幹	未然形	連用形	終止形	連体形	仮定形	命令形
美しい	美し	―かろ	―かっ ―く	―い	―い	―けれ	○
ない	な	―かろ	―かっ ―く	―い	―い	―けれ	○
下に続く主な語		ウ	タ ナル	言い切る	トキ	バ	

注 連用形の活用語尾「―く」が「ゴザイマス」「ゾンジマス」に続く場合、活用語尾が「～う」に変化する。これを**ウ音便**という。「新しい」が「新しゅう」、「ありがたい」が「ありが**と**う」のように、語幹まで変化することもある。ここの例語も、「美しい」が「美しゅうゴザイマス」、「ない」が「のうゴザイマス」と変化する。

チェックポイント 補助形容詞（形式形容詞）

前ページの「おだやかでない」は、下に示したように二語になる。この二つの文節は補助の関係になっていて、「ない」は補助語（26ページ）にあたる。このように、直前の言葉の意味を補うはたらきをしている形容詞のことを補助形容詞（**形式形容詞**）という。

例 おだやかで ない。（補助の関係／ない＝補助語）

チェックポイント 形容詞の語幹の用法

形容詞の語幹には、次のような用法がある。

① **語幹**だけで言い切る 例 おお、**暑**《あつ》。・ああ、**痛**《いた》。
② **体言**として用いられる 例 **深**み・**寒**さ・**眠**け
③ **語幹＋用言＝用言**になる 例 **近**づく・うす**暗い**
④ **語幹＋語幹＝副詞**になる 例 **高々**《たかだか》（せいぜい）・**長々**《ながなが》

---

4 **次の文から形容詞を抜き出し、活用形も答えなさい。**

・後悔《こうかい》ばかりふくらんで大きくなっていた。

〔岐阜〕

形容詞	活用形

5 **次から、「昨日はおなかが痛かった」の――線部と同じ品詞を一つ選び、記号で答えなさい。**

ア 痛みを分かちあってこそ、真の友達と言える。
イ もう熱も下がったし、頭もそれほど痛まない。
ウ 幼い男の子が頭を柱にぶつけ、泣いて痛がる。
エ 歯が痛ければ、早く歯医者に行った方がいい。

〔栃木〕

6 **次から、「身近な草花に親しみを感じます」の――線部と同じ品詞を一つ選び、記号で答えなさい。**

ア 一回り大きなサイズの帽子《ぼうし》を探しています。
イ 負けた時の悔《くや》しさから学ぶことも多くある。
ウ 彼は何が起きても少しも動じない。
エ こうしてお目にかかれることを喜ばしく思っています。

〔都立産業技術高専〕

13

② 品詞

活用がある自立語（7）

―形容動詞―

ねらい
① 形容動詞の性質を押さえよう。
② 形容動詞の活用のしかたを押さえよう。
③ 形容詞と形容動詞の違いを言えるようにしよう。

（　月　日）

チェックポイント　形容動詞の性質

❶ 物事の性質・状態（どんなだ）を表す。

例 ・部屋は **暖かだ**。　・**きれいな** 花。
・彼《かれ》は **親切だ**。　・**立派な** 作品。

❷ 活用がある自立語である。

例 ・祖父は **元気だ**。　・祖父は **元気だっ** た。

❸ 単独で述語になることができる。

例 ・春の〈修飾語〉 風景は〈主語〉 **のどかだ**〈述語〉（形容動詞）。

❹ 言い切りの形（終止形）が「―だ」で終わる。

例 暖かだ・きれいだ・親切だ・立派だ

❺ 形容動詞の活用形に命令形がない。

チェックポイント　形容動詞の活用表

◇次の形容動詞の活用語尾を入れてみよう。

・静か［だろ］ウ
・静か［だっ］タ　・静か［で］アル　・静か［に］ナル
・静か［だ］。
・静か［な］トキ
・静か［なら］バ

---

1 次の文から形容動詞を抜《ぬ》き出し、活用表を完成させなさい。

・彼は明るく素直な性格で、だれからも好かれている

語幹	未然形	連用形	終止形	連体形	仮定形	命令形

2 次の文から、形容動詞を含んでいるものをすべて抜き出し、記号で答えなさい。

ア 膝《ひざ》をやわらかく曲げる。
イ 毛布の肌《はだ》ざわりがやわらかだ。
ウ 今年の春は暖かだった。
エ 暖かい日々が続いている。
オ 彼女《かのじょ》は細かい配慮《はいりょ》をしていた。
カ 細かな砂が靴《くつ》に入る。

3 「アイデアが必要になる」の――線部の品詞名を書き、次から同じ品詞を一つ選び、記号で答えなさい。

ア 小さな箱がある。　イ 今日も空は青かった。
ウ 決して忘れない。　エ 教室は静かであった。

品詞名	記号

〔徳島〕

◇この形容動詞を活用表にまとめると次のようになる。

例語	語幹	未然形	連用形	終止形	連体形	仮定形	命令形
静かだ	静か	―だろ	―だっ ―で ―に	―だ	―な	―なら	○
下に続く主な語		ウ	タ アル ナル	言い切る	トキ	バ	

なお、「**同じだ**」「**こんなだ**」「**そんなだ**」「**あんなだ**」「**どんなだ**」の五つの形容動詞が体言に続く場合、

・同じトキ　・こんなコト　・そんなトコロ

のように、連体形「―な」の形をとらないで語幹からすぐに体言に続き、語幹で連体形の代わりをしている。ただし、「同じなノニ」「同じなノデ」「同じなノ」のように、「―な」となる語尾もある。このように形容動詞としての活用が不完全なため、「同じ・こんな・そんな・あんな・どんな」を連体詞（39ページ）とする説もある。

チェックポイント　形容動詞の語幹の用法

形容動詞の語幹には、次のような用法がある。

❶ **語幹**だけで言い切る　例 まあ、**きれい**。

❷ **体言**として用いられる　例 **新鮮《しんせん》**さ・**やわらか**み

❸ **語幹＋です**→丁寧《ていねい》な言い方　例 **静か**です・**立派**です

ワンポイントアドバイス

●形容詞と形容動詞の違いは
終止形（「―い」か「―だ」か）に注目せよ！

4 次から、「言いかえるのも大変なことだろう」の――線部と同じ品詞が含《ふく》まれていない文を一つ選び、記号で答えなさい。

ア この教室は静かで落ち着いた雰囲気《ふんいき》がある。
イ さわやかな気持ちで朝を迎《むか》えた。
ウ 今日の海はとてもおだやかだ。
エ 今にも雨が降り出しそうな空を眺《なが》める。

〔埼玉〕

5 次から、「彼は夕暮れまでに目的地に着いた」の――線部と活用形が同じものを一つ選び、記号で答えなさい。

ア 新たな生へ受け継《つ》がれていくように、
イ より速い移動やより迅速《じんそく》な情報交換《こうかん》によって、
ウ 私たちはますます多忙《たぼう》になり、
エ 時間の密度は高いと言えるだろうか。

〔大分〕

6 次の――線部から、品詞が異なるものを一つ選び、記号で答えなさい。

ア 小さなガラスブロックを端正《たんせい》に並《なら》べたように
イ 透《す》きとおるように、鮮《あざ》やかなミントブルーを
ウ インテリアデザイナーが作ったモダンな造形の
エ 細いけれど丈夫《じょうぶ》な透明《とうめい》の糸でつながっている。
オ サナギは意外なほど低い場所に、こっそり

〔明治大付属中野高〕

入試問題で力だめし ②

1 次の(1)・(2)の問いに答えなさい。

(1) 決して約束に遅《おく》れることがないを単語に分けたとき、自立語で語形が変化する単語を、すべて答えなさい。

〔広島〕

(2) 生活者にも好ましいとは限らないから用言を二つ抜《ぬ》き出し、それぞれ品詞名も答えなさい。

用言	品詞名

〔兵庫〕

2 次の(1)～(3)の問いに答えなさい。

(1) 次から、残ると同じ活用の種類の語を一つ選び、記号で答えなさい。

ア 一度、経験したことは、
イ 過ぎ去ってしまった以上は変えられない。
ウ 時間とともに薄《うす》れていってしまう。
エ いってしまうと思われるかもしれない。

〔鹿児島〕

(2) 次の――線部の動詞のうち、活用の種類が異なるものを一つ選び、記号で答えなさい。

ア 一番奥《おく》に生えていたから気づかなかった。
イ 一番奥に生えていたから気づかなかった。
ウ 小さなちょうがとまったような不思議なもの。
エ 聞いたことも見たこともない。

〔千葉〕

(3) 次から、活用の種類が異なる組み合わせを一つ選び、記号で答えなさい。（　）内は下に続く言葉を表す。

ア みせ(た)・みえ(た)
イ 休ん(で)・休め(て)
ウ 動く(のか)・動かし(ます)
エ 選ぶ(のは)・選ん(だ)
オ 飛び上がれ(ば)・飛び上がる(たびに)

〔東京学芸大附高〕

3 次の(1)～(4)の問いに答えなさい。

(1) 言いましたの「言い」は動詞である。この活用の種類と活用形を答えなさい。

活用の種類	活用形

〔熊本〕

(2) 次から、高い石垣《いしがき》を積んだの「積ん」と同じ活用形の動詞を一つ選び、記号で答えなさい。

ア 祭りで踊《おど》る一行が打ち出した。
イ 保育園組はやさしい踊りだ。
ウ 少年組はもっと活発な踊りである。
エ 青年組は激しく踊り跳《と》ぶ。

〔滋賀〕

(3) 次の――線部の動詞の活用形を答えなさい。

ア 一度も来ていませんし、
イ もう来ないかも知れません。
ウ もし来ましたらのお話ですが、

ア	イ	ウ

〔東大寺学園高〕

(4) 次の――線部の動詞のうち、活用形が異なるものを一つ選び、記号で答えなさい。

ア 言いたいわけじゃない
イ 出会いました
ウ 錯覚《さっかく》している
エ 手放したら、
オ 到達《とうたつ》しないからである。

〔大阪教育大附高(池田)〕

4 **次の――線部の「ある」のうち、補助動詞として使われているものを一つ選び、記号で答えなさい。**

ア 大陸があり、国があり、街があり、村がある。
イ 厳しい荒野《こうや》が広がっている印象があるかもしれないが、
ウ 実際に見たり触《ふ》れたりする喜びはあるだろうが、
エ 旅を続ける人がいることも事実である。

〔山形〕

5 **次の(1)~(3)の問いに答えなさい。**

(1) 次の――線部のうち、品詞が異なるものを一つ選び、記号で答えなさい。

ア 荒々《あらあら》しく掴《つか》む。
イ 笑ってみろよ、
ウ 鋭《するど》い痛みが走る。
エ 楽しかったんだ。

〔佐賀〕

(2) 次から、彼《かれ》の家にうれしい知らせが届いたの、「うれしい」と活用形が同じものを一つ選び、記号で答えなさい。

ア 今年の夏は例年よりとても暑い。
イ 日曜日のデパートはにぎやかだ。
ウ これは卒業の記念に描《えが》いた絵だ。
エ 電話で祖母の元気な声を聞いた。

〔栃木〕

(3) 次から、彼の像の大きさ、彼との距離《きょり》の「大きさ」と、近く大きく見えるの「大きく」の品詞の組み合わせとして、適当なものを一つ選び、記号で答えなさい。

ア 形容詞―副詞
イ 名詞―形容詞
ウ 名詞―形容動詞
エ 形容動詞―連体詞
オ 連体詞―副詞

〔成城高〕

6 **次の(1)・(2)の問いに答えなさい。**

(1) ことばの大切な働きの一つであるの、「大切な」の言い切りの形を答えなさい。

〔埼玉〕

(2) 次から、はるかに大きな制約を負わされているの、「はるかに」と品詞が同じものを一つ選び、記号で答えなさい。

ア いいかえれば、身近な庭の一角を、
イ べつに「天《あま》の橋立《はしだて》」でなくても十分うつくしい
ウ もっとも本質的な部分を抜き出して、
エ ここでとくに「名所」ということばが
オ 人間はすでに「名所」の観念を持っており、

〔高田高〕

14

②品詞

活用がない自立語（1）―名詞―

ねらい
① 名詞の性質を押さえよう。
② 名詞の種類を押さえ、使い方を知ろう。
③ 複合名詞・転成名詞とは何かを知ろう。

（　月　日）

チェックポイント　名詞の性質

❶ 物事の名前を表す単語で、体言ともいう。
❷ 活用がない自立語である。
❸ 「が」「は」「も」などをともなって主語になることができる。

例・電車が〈主語〉　来る。　・彼《かれ》は〈主語〉　強い。　・私も〈主語〉　行く。

チェックポイント　名詞の種類

名詞は、次の五種類に分けられる。ただし、「代名詞」を単独の品詞とする考え方もある。教科書によっても扱《あつか》い方に違《ちが》いがある。本書は、名詞の一種類として代名詞を扱っている。

❶ **普通《ふつう》名詞**―一般《いっぱん》的な物事の名前を表す名詞。
例 山　川　学校　国語　運動　安全　話し方

❷ **固有名詞**―特定の人名や地名などに対してつけられた名前を表す名詞。
例 芥川竜之介《あくたがわりゅうのすけ》　エジソン　日本　東京　奥《おく》の細道

❸ **数詞**―ものの数量や順序を表す名詞。数字以外の部分を**助数詞**という。
例 一個　二本　三時　四番目　五月　六年　第七

1 次の各文から、名詞をすべて抜《ぬ》き出し、後の名詞の種類に当てはまる解答欄《らん》に記入しなさい。

(1) 私は三年前に小学校を卒業した。
(2) 妹は野口英世《のぐちひでよ》の伝記を熱心に読んでいる。
(3) たくさん咲《さ》いているスミレの花が美しい。
(4) 誕生日《たんじょうび》に欲《ほ》しいものを買ってもらった。
(5) どこを探しても辞書は見つからなかった。

普通名詞	固有名詞	形式名詞
	数詞	代名詞

2 **1**の各文から、次に当てはまる文をすべて選び、番号で答えなさい。

① 主語のない文。
② 補助動詞（形式動詞）を含《ふく》む文。
③ 形容詞を含む文。
④ 形容動詞を含む文。

①	
②	
③	
④	

❹ **形式名詞**—「こと・もの・とき」などの名詞が、実質的な意味を持たず、上に連体修飾《しゅうしょく》語をつけて形式的に用いられている名詞。形式名詞は仮名書きにする。

例 ・たいへんな〈連体修飾語〉 **こと**〈被修飾語〉になった。

・おもしろい **もの**〈形式名詞〉を見つけた。

❺ **代名詞**—物事の名前をいう代わりに、そのものを指し示していう名詞。人を指す人称代名詞と場所などを指す指示代名詞の二種類がある。

	人称代名詞	指示代名詞 事物	指示代名詞 場所	指示代名詞 方向
自称（第一人称）	わたし わたくし 僕《ぼく》・おれ			
対称（第二人称）	あなた おまえ きみ			
他称（第三人称） 近称	このかた	これ	ここ	こちら こっち
他称（第三人称） 中称	そのかた 彼・彼女《かのじょ》	それ	そこ	そちら そっち
他称（第三人称） 遠称	あのかた 彼・彼女	あれ	あそこ	あちら あっち
不定称（第三人称）	どのかた どなた だれ	どれ	どこ	どちら どっち

㊟ 人称代名詞には、話し手を指すもの（自称・第一人称）、聞き手を指すもの（対称・第二人称）、話し手と聞き手以外を指すもの（他称・第三人称）、はっきりしないものを指すもの（不定称）の四種類がある。近称とは、話し手に近いもの、中称とは、聞き手に近いもの、遠称とは、話し手からも聞き手からも遠いものを指す。

チェックポイント 注意すべき名詞の成り立ち

❶ **複合名詞**—二つ以上の単語からできた名詞。

例 田植え　山登り　落ち葉　食べ歩き　近道

❷ **転成名詞**—動詞や形容詞の連用形からできた名詞。

例 考えが古い。　**古く**からの習慣。

---

3 次の各文から形式名詞を抜き出しなさい。

(1) 考えていることを自由に話しなさい。
(2) 赤ちゃんも大きくなったものだ。
(3) 心配ごとがあるときは、遠慮《えんりょ》なく相談しなさい。
(4) 昨日のうちに宿題を終わらせてしまった。
(5) 雨が降ったために、球技大会は延期になった。

(1)	(3)	(5)
(2)	(4)	

4 次の各文から、複合名詞と転成名詞を抜き出し、それぞれの解答欄に記入しなさい。

(1) 疲《つか》れたので、山小屋でしばらく休みをとった。
(2) この問題の答えは解答欄に書きなさい。
(3) 父は山登りの話をしている。

	(1)	(2)	(3)
複合名詞			
転成名詞			

15 ②品詞 活用がない自立語 (2) ―副詞―

ねらい
① 副詞の性質を押さえよう。
② 副詞の種類を押さえ、使い方を知ろう。
③ 呼応の副詞の用法を知ろう。

（　月　日）

チェックポイント　副詞の性質

❶ 物事の状態や程度を表す。

例 ・**ゆっくり** 歩く。　・**かなり** 混んでいる。

❷ 活用がない自立語である。

❸ 主に単独で用言（動詞・形容詞・形容動詞）を修飾《しゅうしょく》する。体言や副詞を修飾することもある。

例 ・**ゆっくり** 歩く。〈動詞〉（用言を修飾）
・**もっと** 左に〈名詞〉 寄りなさい。（体言を修飾）
・**たいそう** しっかり〈副詞〉 している。（副詞を修飾）

❹ 物音や声をまねた擬声《ぎせい》語（**擬音語**）や、動作の様子や態度をまねた擬態語も副詞に含《ふく》まれる。

例 ・ベルを**リンリン**鳴らす。（擬声語）
・猛暑《もうしょ》で**ふらふら**する。（擬態語）

注 最初の例を「ベルを**リンリンと**鳴らす。」とした場合、「リンリンと」で一つの副詞として扱う。このように、「ゴロゴロ・ゴロゴロと・ふらふら・ふらふらと」などのように、「と」がついてもつかなくても品詞は副詞になる。

1 次の各文から副詞を抜《ぬ》き出し、その副詞が修飾している文節も答えなさい。

(1) 友達がわざわざ見舞《みま》いに来た。
(2) 少年はときどき少女の方を振《ふ》り返った。
(3) 兄はますます剣道《けんどう》の腕《うで》が上がった。
(4) これは少し前の出来事である。
(5) 手紙をもう一度読み直してみる。

	副詞	修飾している文節
(1)		
(2)		
(3)		
(4)		
(5)		

2 次の各文の□に、平仮名を一字ずつ入れなさい。

(1) ぜひ歌わせて□□□□。
(2) まるで雪の□□□。
(3) 全然おもしろく□□。
(4) まさか失敗することは□□□□□。
(5) たとえ雨が降っ□□決行する。

(1) □□□□
(2) □□□
(3) □□
(4) □□□□□
(5) □□

チェックポイント 副詞の種類

❶ **状態**の副詞―動作や作用がどのような状態であるかを表す。**擬声語**や**擬態語**もここに含まれる。

例 ・バスが **いきなり** 動き出した。

・雷《かみなり》が **ゴロゴロと** 鳴り出した。

❷ **程度**の副詞―物事の性質や状態などの程度を表す。

例 ・朝夕は **めっきりと** 寒くなって来た。

・**たいそう** 素直《すなお》な 性格である。

❸ **呼応**の副詞―下で受ける部分に、ある決まった言い方を要求する。**陳述《ちんじゅつ》の副詞**・**叙述《じょじゅつ》の副詞**ともいう。

例 ・ぜひ A高校に合格したい。（ぜひ〜たい）

・もし 雨が降ったら試合は中止だ。（もし〜たら）

≪**呼応《こおう》の副詞とそれを受ける語の例**≫

意味	呼応の副詞	受ける語
否定（打ち消し）	決して・少しも・全然・必ずしも	ない・ありません
疑問	どうして・なぜ・なんで	か・の・のか・のだ
仮定	もし・仮に・たとえ・いくら	たら・ても・ば
たとえ	まるで・ちょうど・あたかも	ようだ・ように
推量	おそらく・たぶん・きっと	だろう・でしょう
希望	ぜひ・どうか・どうぞ・なにとぞ	ください・たい・ほしい
否定の推量	まさか・よもや	まい・ないだろう

3 **次の各文の――線部a〜fを二つのグループに分けたとき、その分け方として適当なものを後から一つ選び、記号で答えなさい。**

(1) 折れ曲がった耳を、[a]ぴく、ぴく、ぴく、と動かして、

(2) 僕《ぼく》の後から[b]のろのろとついてきた。

(3) 家の壁《かべ》やフェンスを[c]がりがりひっかく。

(4) 缶《かん》やビンを蹴《け》る[d]ガチャガチャだったり、

(5) 部屋の扉《とびら》を開け閉めする[e]ギイギイだったり、

(6) 自分の頭を[f]ぐりぐり押《お》し付けるので、

ア （a・b・c）（d・e・f）

イ （a・b・d）（c・e・f）

ウ （a・b・e）（c・d・f）

エ （a・b・f）（c・d・e）

オ （a・d・e）（b・c・f）

［洛南高］

4 **次の文章には、副詞と呼応した言葉を補ったほうがわかりやすくなる一文がある。その一文を、適当な言葉を補って書き直しなさい。**

今年の夏は、かなり気温が高く、過ごしにくい日が多かった。

わたしたち家族は、夏休みを利用して、父の実家がある山形《やまがた》へ旅行し、のんびり過ごした。

山形は、おそらく東京より涼《すず》しいと思っていた。

［山形］

16 ② 品詞
活用がない自立語 (3) ―連体詞―

ねらい
① 連体詞の性質を押さえよう。
② 連体詞のいろいろな型を押さえよう。
③ 指示語の四品詞を押さえ、使い方を知ろう。

（　月　日）

チェックポイント　連体詞の性質

❶ 体言を含《ふく》む文節のみを修飾《しゅうしょく》し、単独で連体修飾語になる。

例 ・幸いに　**たいした**　ことが〈名詞〉　なくて済《す》んだ。
・**あの**　川〈名詞〉では　アユが釣《つ》れる。

❷ 活用がない自立語である。

❸ 特例として、体言以外に助動詞の「ようだ」や助詞の「くらい」に接続することもある。

例 ・**あの**　ような〈助動詞〉人になりたい。
・**この**　くらい〈助詞〉の量がちょうどよい。

チェックポイント　連体詞の型

連体詞は語尾の終わり方で、次のように大別できる。太字が連体詞である。

「〜の」型	・**この**本　・**その**時　・**あの**ころ　・**どの**国　・**例の**人　・**ほんの**一時間

---

1 **次の各文から連体詞を抜《ぬ》き出しなさい。**

(1) 大きい犬がいるのは、あの家にちがいない。
(2) ここにはいろんな思い出がある。
(3) たいした選手だと、たいへんな評判になる。
(4) 成功するために、あらゆる手を打った。
(5) 大雨のため、とんだ災難にあってしまった。
(6) こちらの方が小さな球場だ。

(1)	(2)	(3)
(4)	(5)	(6)

2 **次の各文から連体詞と、それが係る文節を抜き出しなさい。**

(1) 一週間前に買ったのはどの本ですか。
(2) あれからたった半年しかたっていない。
(3) それはおかしな考え方である。
(4) たまたま会ったのは、去る一月末だった。

(1) ↓	(2) ↓
(3) ↓	(4) ↓

「〜な」型	・大きな木　・小さな家　・おかしな事件 ・いろんな出来事　・ひょんなこと
「〜た」型 「〜だ」型	・たいした評判　・たった三年 ・とんだ失敗　・ばかげた考え ・だいそれた計画
「〜る」型	・ある日　・あらゆる手段　・あくる朝 ・いわゆる省エネ　・いかなる理由 ・来たる入試　・去る三月　・単なるミス
その他	・わが母校　・あらぬ方向

チェックポイント　指示語の四品詞一覧

「この・その・あの・どの」は連体詞であるが、他の品詞にも「こそあど言葉」がある。それらを一覧にしたのが次の表である。

品詞	近称	中称	遠称	不定称
名詞（代名詞）	これ ここ こちら こっち	それ そこ そちら そっち	あれ あそこ あちら あっち	どれ どこ どちら どっち
連体詞	この	その	あの	どの
副詞	こう	そう	ああ	どう
形容動詞	こんなだ	そんなだ	あんなだ	どんなだ

注「こんな・そんな・あんな・どんな」で連体詞とする考え方もある。（31ページ）

3 次の各組の――線部の品詞を答えなさい。

(1) ア それはだれのですか。
　　イ その本はだれのですか。

(2) ウ 大きな声が聞こえる。
　　エ 大きい声が聞こえる。

(3) 期末テストがオ ある。
　　期末テストがあったカ ある日、

ア	イ	ウ
エ	オ	カ

4 次から、このと品詞が同じものを一つ選び、記号で答えなさい。

ア そう遠くはなかろう。
イ ある深さから下層の雪の中は
ウ そこに息づく生きものたち
エ ただ遠い景色としてながめる。

〔滋賀〕

5 次の各文の――線部から品詞が異なるものを一つ選び、記号で答えなさい。

ア 彼《かれ》のおかしな発言にみんなが笑いました。
イ 優勝するためにもっと頑張《がんば》りましょう。
ウ 外も暗くなったのでそろそろ帰ります。
エ なぜそのようなことを言うのでしょう。

〔沖縄〕

17 ②品詞 活用がない自立語（4）―接続詞―

〔　月　日〕

ねらい
① 接続詞の性質を押さえよう。
② 接続詞の種類を押さえ、使い方を知ろう。

チェックポイント 接続詞の性質

❶ 文中で、段落と段落、文と文、文節と文節、単語と単語などを結びつける。

例
・私は英語が得意だ。〈文〉 **けれど**、〈接続詞〉 数学は苦手だ。〈文〉
・笑顔がやさしくて、〈文節〉 **そのうえ**、〈接続詞〉 温かかった。〈文節〉
・この行事は楽しく、〈単語〉 **しかも**、〈接続詞〉 有意義だ。〈単語〉

❷ 接続語としてしか用いられない。

❸ 活用のない自立語である。

チェックポイント 接続詞の種類

❶ **順接**　前に述べた事柄《ことがら》が、後に述べる事柄の原因や理由になることを示す。
・台風が接近してきた。**だから**、部活は中止になった。
・暖かい日が続いた。**すると**、花が咲《さ》きだした。
類 **それで・そこで・それゆえ・したがって・こうして**

❷ **逆接**　前に述べた事柄と、後に述べる事柄とが逆であることを示す。
・立春になった。**しかし**、寒い日が続く。

---

1 **次の文章を読んで、後の問いに答えなさい。**

日曜日ごとには、私もきっと午前から義兄の家へ遊びに行った。そして午後から澄子《すみこ》さんの来るのを待った。しかしそうしげしげ、澄子さんの来る日のみ目がけて、千駄木《せんだぎ》へ行く事は気がひけた。それでときどき他の日も訪れた。日曜日にも行きたいのを抑《おさ》えて、三度に一度は我慢《がまん》した。

（久米正雄《くめまさお》「学生時代」）

(1) 文中から接続詞をすべて抜《ぬ》き出しなさい。

(2) 文中から副詞をすべて抜き出しなさい。

(3) 文中からカ変動詞を抜き出しなさい。ただし、同じものは一回でよい。

(4) 文中からサ変動詞を抜き出し、活用形も答えなさい。

サ変

活用形

・強そうなチームだった。**ところが**、初戦で負けた。

類 **けれども・けれど・しかるに・だが・が・それなのに**

❸ 並立《へいりつ》・累加《るいか》

前に述べた事柄に、後に述べる事柄を並べたり、付け加えたりすることを示す。

・空が明るくなって来た。**そして**、太陽が輝《かがや》き始めた。

・彼《かれ》は医者であり、**また**、弁護士でもある。

類 **それから・および・しかも・そのうえ・なお・並びに**

❹ 対比・選択《せんたく》

前に述べた事柄と、後に述べる事柄とを比べたり、選んだりすることを示す。

・北海道旅行は、飛行機**または**電車で行くことになる。

・ケーキが好きですか。**それとも**、和菓子《わがし》が好きですか。

類 **あるいは・もしくは・むしろ・一方**

❺ 説明・補足

前に述べた事柄を、後に述べる事柄でまとめたり、補ったりすることを示す。

・母の妹、**つまり**、私の叔母《おば》はピアニストです。

・明日から夏休みだ。**ただし**、三年生は補習がある。

類 **なぜなら・すなわち・もっとも・要するに**

❻ 転《てん》　換《かん》

前に述べた事柄から話題を変えて、後に続けることを示す。

・来年また会いましょう。**では**、それまでお元気で。

・宿題が終わった。**さて**、テレビでも見るか。

類 **ところで・それでは・ときに・次に**

---

2 **次の各文の――線部は接続詞である。その種類として適当なものを後から選び、記号で答えなさい。**

(1) その方法はやめるべきだ。なぜなら、むだが多過ぎるからだ。

(2) 練習は明日の午後一時からである。なお、スパイクを必ず持って来ること。

(3) 明日の天気は雨のようだ。したがって、雨具を忘れないこと。

(4) 会うのは一年ぶりですね。ところで、弟さんは元気ですか。

(5) マラソンはきつかった。だが、完走した。

(6) 質問があれば、私もしくは弟に聞いてください。

ア 順接　**イ** 逆接　**ウ** 並立・累加

エ 対比・選択　**オ** 説明・補足　**カ** 転換

(1)	(2)	(3)	(4)	(5)	(6)

3 **次から「その一つだ。さてこれらの…」の「さて」と品詞が同じものを一つ選び、記号で答えなさい。**

ア なぜ左手なのだろうと、

イ このしがみつき姿勢で、

ウ それに影響《えいきょう》を受けて、

エ そして様々な捕食《ほしょく》者に対応して

〔秋田〕

活用がない自立語（5）―感動詞―

ねらい
① 感動詞の性質を押さえよう。
② 感動詞の種類を押さえ、使い方を知ろう。
③ 自立語についてまとめよう。

（　月　日）

チェックポイント　感動詞の性質

❶ 文中では、他の文節（主語・述語・修飾《しゅうしょく》語・接続語）と直接関係がなく、文の成分としては、独立語だけになる。

例 ・まあ、きれい。〈感動詞〉 ← 独立語で、他の文節には係らない。

❷ 活用のない自立語である。

チェックポイント　感動詞の種類

❶ **感動**　喜び・怒《いか》り・悲しみ・疑い・驚《おどろ》きなどを表す。

・ああ、おもしろい。　・おや、変だぞ。
・えっ、信じられない。　・はて、何だろう。

類 **あっ・あら・あれっ・うわっ・おお・まあ・ほら**

❷ **呼びかけ**　呼びかけや誘《さそ》いかけを表す。

・やあ、久しぶり。　・おい、本を取ってくれ。
・さあ、出かけよう。　・もしもし、田中君ですか。

類 **あのう・おうい・こら・ねえ・よう・ちょっと**

❸ **応答**　応答や反問を表す。

・はい、わかりました。　・うん、そうだよ。
・いいえ、知りません。　・いや、君の誤解だよ。

類 **ああ・え・ええ・おう・そう・なあに・なに**

---

1 **次の各文の――線部が感動詞なら○印を、それ以外の品詞ならその品詞名を答えなさい。**

(1) 今日はだれがお休みですか。
(2) お父さん、お休み。
(3) お母さん、お弁当作って。
(4) あなたのお母さんはいくつですか。
(5) ちょっと、だれかいない。
(6) あとちょっとで頂上だ。
(7) 遅《おそ》くなったから、まあやめておこう。
(8) まあ、立派な人ね。
(9) 君はなにが欲《ほ》しいのだ。
(10) なに、やる気か。
(11) 出席をとります。田中さん。
(12) 田中さんは出席していますか。

(1)	(4)	(7)	(10)
(2)	(5)	(8)	(11)
(3)	(6)	(9)	(12)

❹ **あいさつ**　会ったり別れたりするときのあいさつを表す。

・**こんにちは**、お久しぶりですね。

・**さようなら**、また会おうね。

類 **こんばんは・おはよう・おはようございます**
お休み・お休みなさい

❺ **かけ声**　相手へのかけ声や意気込《ご》みを表す。

・**それ**、負けるな。　・**ほら**、言った通りだ。

類 **えいっ・よいしょ・こらしょ・どっこいしょ**

注 右の❶「感動」と❸「応答」に「ああ」が重複しているが、
・**ああ**、おもしろいなあ。＝感動
・**ああ**、わかったよ。＝応答
と、前後の文脈から感動詞の種類を判断することができる。

---

2 **次の各文の――線部の感動詞の種類として適当なものを後から選び、記号で答えなさい。**

(1) やあ、こんにちは。　(2) やあ、優勝だぞ。

ア 感動　**イ** 呼びかけ　**ウ** 応答
エ あいさつ　**オ** かけ声

(1)	(2)

3 **次の各文の――線部の品詞として適当なものを後から選び、記号で答えなさい。**

(1) いえ、暖簾《のれん》に嘘《うそ》がある次第《しだい》ではありません。
(2) もしその田舎《いなか》者が何年いても、
(3) 何でも権助《ごんすけ》に出来そうもない、むずかしい事を

ア 動詞　**イ** 形容詞　**ウ** 形容動詞　**エ** 名詞
オ 副詞　**カ** 連体詞　**キ** 接続詞　**ク** 感動詞

(1)	(2)	(3)

〔城北高〕

4 **次の自立語に限定した品詞分類表の［　］には適当な言葉を、〔　〕には品詞名を答えなさい。（3・11は二箇所ある。）**

単語
- 付属語
- 自立語
  - 活用が［1］
    - ［2］になる
      - ［4］段の音で終わる……〔A〕
      - 「［5］」で終わる……〔B〕
      - 「［6］・です」で終わる……〔C〕
    - 〔3〕
  - 活用が［7］
    - ［8］になる　〔11〕……〔D〕
    - ［9］になる
      - 主に［3］を修飾する……〔E〕
      - ［11］だけを修飾する……〔F〕
    - ［10］になる……〔G〕
    - 独立語になる……〔H〕

1	2	3
4	5	6
7	8	9
10	11	
A	B	C
D	E	F
G	H	

入試問題で力だめし ③

1 次から、一般《いっぱん》名詞として適当なものを一つ選び、記号で答えなさい。

ア 枕草子《まくらのそうし》　イ 和歌

ウ 醍醐《だいご》天皇　エ 京都《きょうと》

〔十文字高〕

2 次の(1)〜(3)の問いに答えなさい。

(1) 一切声は掛《か》けずから副詞を抜《ぬ》き出しなさい。

〔慶応義塾志木高〕

(2) 「けっして」のように、後に続く言葉が決まっている品詞として適当なものを次から一つ選び、記号で答えなさい。

ア 少なくとも　イ ますます

ウ やっと　エ もし

〔和歌山〕

(3) 次の――線部から、「たとえ」に呼応している語を含《ふく》む文節を一つ選び、記号で答えなさい。

たとえ高さ何メートルという数字の見当が（ア）つけられなくても（イ）、その木のすばらしさには（ウ）十分触《ふ》れられるのだ（エ）。

〔愛知〕

3 次から、感動詞として適当なものを一つ選び、記号で答えなさい。

ア 反射的に「これだ！」と確信を持つ感覚だ。

イ 「ん？あれ？」という違和感《いわかん》が働く。

ウ 「でも、きっと大丈夫《だいじょうぶ》。」とそれを無視してしまうと、

エ 「まさかこんなことになるなんて…」ということが

〔大分〕

4 次の(1)〜(3)の問いに答えなさい。

(1) 次から「ずっと」の品詞として適当なものを一つ選び、記号で答えなさい。

ア 助詞　イ 副詞　ウ 接続詞　エ 形容詞

〔佐賀〕

(2) 次から「いわゆる」の品詞として適当なものを一つ選び、記号で答えなさい。

ア 動詞　イ 副詞　ウ 感動詞　エ 連体詞

〔香川〕

(3) 自分は決して明るい方ではないと思ってもについて、次の□に当てはまる語を答えなさい。［2］は――線部の一語を抜くこと。

「決して」の品詞は［1］であり、「［2］」にかかる［3］修飾《しゅうしょく》語である。

1	
2	
3	

〔長崎〕

5 次の(1)〜(4)の問いに答えなさい。

(1) 次から、「まったく」と品詞が同じものを一つ選び、記号で答えなさい。

ア じつは一昨日不思議なことがありまして、

イ いわゆる無言電話なのですが、

ウ やはり相手は黙《だま》っていました。

エ たしかに事実ではありません。

〔鳥取〕

(2) 次から、ただ、幼い息子の私をの「ただ」と品詞が同じものを一つ選び、記号で答えなさい。

ア それを見たら、急に胸が痛くなってね。
イ だが、ひとつ思い出すことがあった。
ウ 先日、眠《ねむ》れないままに久保田万太郎《くぼたまんたろう》の全句集で
エ ちょうどその頃《ころ》が最も作句に熱意を持っていた

〔秋田〕

(3) 次から、木のスプーンはふわりと軽くの「ふわりと」と品詞が同じものを一つ選び、記号で答えなさい。

ア 口当たりが柔《やわ》らかい
イ 手仕事道具はしばしば美しくさえある
ウ 覚醒《かくせい》され敏感《びんかん》になったその五感
エ われわれを道具そのものへひきつける

〔山口〕

(4) 次から、あまり長い間の「あまり」と同じ品詞が含《ふく》まれていない文を一つ選び、記号で答えなさい。

ア 決してできないことではないだろう。
イ 解決のためにあらゆる手段を講じる。
ウ 山道なのでゆっくり歩いていこう。
エ まとめて買うとかなり安くなる。

〔埼玉〕

6 **次の(1)・(2)から、「大きな」と品詞が同じものをそれぞれ一つずつ選び、記号で答えなさい。**

(1)
ア 危険な漂流《ひょうりゅう》物
イ ある日本人論
ウ 長いこうもり傘《がさ》
エ 縮める性向

〔徳島〕

(2)
ア 苦手なもの
イ その仕事は
ウ 恐《おそ》ろしいことです
エ それが、人を

〔茨城〕

7 **次の(1)〜(5)から、品詞が異なるものをそれぞれ一つずつ選び、記号で答えなさい。**

(1)
ア とらわれこそ自分の可能性が花開くのを妨害《ぼうがい》して
イ 「輝《かがや》かなきゃ」という思いが、
ウ 逆に、輝きを奪《うば》う、というのは
エ なるべく考えないようにすればよいのか。
オ それが手に入ったときの喜びや感激などの

〔秋田〕

(2)
ア さまざまな選択肢《せんたくし》の中から
イ より満足のいく結果を実現してくれる
ウ いったい何が起きるのかを
エ さして重要でないものも

〔静岡〕

(3)
ア いきなり高い音
イ とても乾燥《かんそう》していた
ウ こんなピンチには
エ なにしろ肝心《かんじん》の音が

〔大阪〕

(4)
ア しきりに息を吸い
イ どうも匂《にお》いを嗅《か》いでいる
ウ ずっと一緒《いっしょ》に
エ たまらなく悲しくて
オ どうせ食べられ

〔お茶の水女子大附高〕

(5)
ア 一方、「傷ついた」「心の傷がある」と
イ ただ、「傷ついた」という思いを核《かく》に
ウ では、「傷は癒《い》えた」となればいいかと
エ そこで、「心の傷」を足がかりにだれかと
オ それとも、いつまでもそこに停滞《ていたい》したまま

〔大阪教育大附高(平野)〕

19

②品詞

活用がある付属語（1）―助動詞①―

ねらい
① 助動詞の性質を押さえよう。
② 助動詞のいろいろな分類のしかたを押さえ、使い方を知ろう。

〔　月　日〕

チェックポイント 助動詞の性質

❶ 活用がある付属語である。
❷ **用言**や**体言**、ほかの**助動詞**や**助詞**について、いろいろな**意味を付け加える**。
❸ 意味・活用・接続を、**助動詞の三要素**という。
・**意味**＝どんな意味を表すか。
・**活用**＝どのように活用するか。
・**接続**＝どんな活用形や品詞に接続するか。

チェックポイント 助動詞の意味による分類

・**受け身**…れる・られる 例 名前を呼ば**れる**。
・**可能**…れる・られる 例 全部食べ**られる**。
・**自発**…れる・られる 例 昔が思い出さ**れる**。
・**尊敬**…れる・られる 例 先生が説明さ**れる**。
・**使役**…せる・させる 例 海外に行か**せる**。
・**希望**…たい・たがる 例 映画に行き**たい**。
・**断定**…だ・です 例 私は中学生**だ**。
・**様態**…そうだ・そうです 例 雨が降り**そうだ**。
・**伝聞**…そうだ・そうです 例 晴れる**そうだ**。
・**推定・たとえ**…ようだ・ようです 例 春の**ようだ**。

1 **次の各文から、助動詞を一つずつ抜《ぬ》き出しなさい。**

(1) 彼《かれ》はとても親切なので、みんなからほめられる。
(2) 数学が得意な山田君は、全問答えられる。
(3) 海外出張中の父の健康が案じられる。
(4) 理科の鈴木先生は、実験中心の授業を好まれる。
(5) 練習後、全員にグラウンドの整備をさせる。
(6) 君が来たいときに来ていいよ。
(7) 日本で一番高い山は富士山《ふじさん》だ。
(8) 今にも雨が降ってきそうだ。
(9) 山頂からの眺《なが》めは、たいそうすばらしいそうだ。
(10) 赤ちゃんの手は、まるで紅葉《もみじ》のようだ。
(11) 遠くに工場らしい建物が見える。
(12) 試合が近いから、気合いを入れて練習しよう。
(13) このことは、家族以外はだれも知るまい。
(14) どしゃ降りの雨のため、キャンプは行わない。
(15) 大成功のうちに、球技大会は終わった。
(16) 今度の大会は、必ず優勝します。

・推　定…らしい　例　雨が降る**らしい**。
・推量・意志…う・よう　例　本を読も**う**。
・打ち消しの推量・意志…まい　例　二度と行く**まい**。
・打ち消し（否定）…ない・ぬ（ん）　例　見てくれ**ない**。
・過去・完了…た　例　授業が終わっ**た**。
・丁《てい》寧《ねい》…ます　例　母が相談に来**ます**。

チェックポイント　助動詞の活用による分類

❶ **動詞のように活用するもの**（終止形が「〜る」の助動詞）
・れる・られる・せる・させる（下一段活用型）
・たがる（五段活用型）

❷ **形容詞のように活用するもの**（終止形が「〜い」の助動詞）
・ない・たい・らしい

❸ **形容動詞のように活用するもの**（終止形が「〜だ」の助動詞）
・だ・ようだ・そうだ

❹ **特別な活用をするもの**
・ます・です・た・ぬ（ん）

❺ **語形に変化のないもの**
・う・よう・まい

チェックポイント　助動詞の接続による分類

❶ **未然形接続**・れる・られる・せる・させる・ない・ぬ（ん）・う・よう

❷ **連用形接続**・たい・たがる・ます・た・そうだ（様態）

❸ **終止形接続**・そうだ（伝聞）・まい（五段動詞以外は未然形接続）

❹ **連体形接続**・ようだ

❺ **体言・助詞接続**・らしい・だ・です

2 **次の各文の（　）に合うように、下に示した助動詞を適当な形に直して答えなさい。**

(1) この問題は、簡単には答え（　）ない。［られる］
(2) 風邪《かぜ》のため、外で遊ば（　）ない。［せる］
(3) もっとご飯を食べ（　）た。［たい］
(4) 参加したのは五チームだけ（　）た。［だ］
(5) いまにも飛びたち（　）た。［そうだ］
(6) 大荒《あ》れで、まるで台風の（　）た。［ようだ］
(7) クラス会はとても楽しい（　）た。［らしい］
(8) 評判のいい映画を見（　）た。［ない］
(9) 朝起き（　）、だれもいなかった。［た］
(10) そんなことは信じ（　）ん。［ます］

(1)	(5)	(9)	(13)
(2)	(6)	(10)	(14)
(3)	(7)	(11)	(15)
(4)	(8)	(12)	(16)

(1)	(5)	(9)
(2)	(6)	(10)
(3)	(7)	
(4)	(8)	

20　② 品詞　活用がある付属語（2）—助動詞②—

ねらい
● 助動詞「れる・られる」「せる・させる」「たい・たがる」の接続・活用・意味を押さえ、それぞれ、見分けられるようにしよう。

（　月　日）

チェックポイント　助動詞「れる・られる」

❶ 受け身・可能・自発・尊敬の助動詞　れる・られる

接続
れる―五段・サ変動詞の**未然形**
られる―上一段・下一段・カ変動詞の**未然形**

活用

基本形	未然形	連用形	終止形	連体形	仮定形	命令形	活用型
れる	れ	れ	れる	れる	れれ	れろ れよ	動詞 下一段型
られる	られ	られ	られる	られる	られれ	られろ られよ	

注 命令形は受け身だけにある。

意味
・**受け身**＝他から何かをされることを表す。
例 後ろから急に呼ば《未然形》**れる**。
・**可能**＝何かをすることができることを表す。
例 ボールを遠くまで投げ《未然形》**られる**。
・**自発**＝自然にそうなることを表す。
例 生まれ育った場所のことが思わ《未然形》**れる**。
・**尊敬**＝動作をする人を高め、敬うことを表す。
例 A社の社長が我《わ》が社に来《こ》《未然形》**られ**た。

ワンポイントアドバイス
●「れる・られる」の意味の見分け方
受け身→～に～される
可能→～(ことが)できる
自発→～自然と～される
尊敬→～お～になる

---

1 次の各文の——線部の意味として適当なものを後から選び、記号で答えなさい。

(1) 祖母のことがしのばれる。
(2) 投げようと思えば投げられる。
(3) コーチが練習方法について説明された。
(4) 国語の先生にほめられた。

ア 受け身　イ 可能　ウ 自発　エ 尊敬

(1)	(2)	(3)	(4)

2 次の(1)～(3)の——線部と意味が同じものをそれぞれ一つずつ選び、記号で答えなさい。

(1) 夕暮れ時の風に吹《ふ》かれて、
ア 先週の土曜日に秋の運動会が開かれました。
イ 子どもの頃《ころ》がなつかしく思い出されました。
ウ 校長先生が朝会で全校生徒に話されました。
エ 海の青さを見ると夏の到来《とうらい》が待たれました。

〔新潟〕

(2) 「安心」感も得られるからではないか。
ア 友人の言葉に教えられる。
イ 明日はお客様が来られる。

チェックポイント　助動詞「せる・させる」

❷ 使役の助動詞　せる・させる

接続　**せる**—五段・サ変動詞の**未然形**
させる—上一段・下一段・カ変動詞の**未然形**

活用

基本形	未然形	連用形	終止形	連体形	仮定形	命令形	活用型
せる	せ	せ	せる	せる	せれ	せろ せよ	動詞 下一段型
させる	させ	させ	させる	させる	させれ	させろ させよ	

意味・**使役**＝人に何かをさせることを表す。

例　一人ずつ体験談を話さ（未然形）**せる**。

例　模擬《もぎ》試験を受け（未然形）**させる**。

チェックポイント　助動詞「たい・たがる」

❸ 希望の助動詞　たい・たがる

接続　動詞の**連用形**・一部の助動詞の**連用形**

活用

基本形	未然形	連用形	終止形	連体形	仮定形	命令形	活用型
たい	たかろ	たかっ たく	たい	たい	たけれ	○	形容詞型
たがる	たがら たがろ	たがっ たがり	たがる	たがる	たがれ	○	動詞五段型

意味・**希望**＝「たい」は、話し手の希望、「たがる」は、話し手以外の希望を表す。

例　夏休みにはヨーロッパに旅行し（連用形）**たい**。

例　友達が行き（連用形）**たがっ**ている。

ウ　早春の気配が感じられる。
エ　この制服はまだ着られる。

［　　　］〔島根〕

(3)・受けたように感じ**られる**。(a)
・名残《なご》りが見**られ**る。(b)

ア　その柿《かき》はもう食べられるほどになった。
イ　例外が認められることになった。
ウ　その後の彼《かれ》の身が案じられる。
エ　先生が我《わ》が家に来られる。

a	b

〔成城高〕

3　**次の各文の（　）に合うように、下に示した助動詞を適当な形に直して答えなさい。**

(1)　全く話さ（　）てくれない。　〔せる〕
(2)　調べ（　）たが分からなかった。　〔させる〕
(3)　行き（　）ば行きなさい。　〔たい〕
(4)　練習に行き（　）ない。　〔たがる〕

(1)	(2)	(3)	(4)

21

② 品詞

活用がある付属語（3）

―助動詞③―

〔　月　日〕

ねらい

● 助動詞「だ・です」「そうだ・そうです」「ようだ・ようです」の接続・活用・意味を押さえ、それぞれ、見分けられるようにしよう。

チェックポイント　助動詞「だ・です」

❹ 断定の助動詞　だ・です

接続　体言、助詞「の」など

活用

基本形	未然形	連用形	終止形	連体形	仮定形	命令形	活用型
だ	だろ	だっ で	だ	（な）	なら	○	形容動詞型
です	でしょ	でし	です	（です）	○	○	特別活用

意味・**断定**＝はっきり判断をくだす。「です」は「だ」の丁寧《ていねい》語。

例　私の父は公務員（体言）**である**。

例　私の母は看護師（体言）**でした**。

注　表中の（　）の語形は、ほとんど用いられないことを表している。

チェックポイント　助動詞「そうだ・そうです」

❺ 様態の助動詞　そうだ・そうです

接続　動詞の**連用形**、形容詞・形容動詞の**語幹**

活用

基本形	未然形	連用形	終止形	連体形	仮定形	命令形	活用型
そうだ	そうだろ	そうだっ そうで そうに	そうだ	そうな	そうなら	○	形容動詞型
そうです	そうでしょ	そうでし	そうです	（そうです）	○	○	特別活用

意味・**様態**＝そういう様子であることを表す。

例　私にも解け（連用形）**そうな**問題だ。

例　今年の夏も暑（語幹）**そうです**。

1　次の各文の（　）に合うように、(1)〜(3)は断定の助動詞「だ」を、(4)(5)は「です」を、適当な形に直して答えなさい。

(1) 明日が雨（　）ば中止になる。

(2) 妹は小学生（　）、兄は高校生だ。

(3) あそこにいるのはA君（　）う。

(4) 北国ではすでに真冬（　）う。

(5) そのころ母は病気（　）た。

(1)	(2)	(3)
(4)	(5)	

2　次の各文の（　）に合うように、助動詞「そうだ」を、適当な形に直して答えなさい。

(1) 楽し（　）笑い声が聞こえてくる。

(2) いまにも泣き（　）た。

(3) いかにも強（　）見える。

(4) そろそろ雪が降る（　）ある。

(1)	(2)	(3)	(4)

チェックポイント　助動詞「そうだ・そうです」

❻ **伝聞の助動詞　そうだ・そうです**

接続　用言の**終止形**

活用

基本形	未然形	連用形	終止形	連体形	仮定形	命令形	活用型
そうだ	○	そうで	そうだ	○	○	○	形容動詞型
そうです	○	そうでし	そうです	（そうです）	○	○	特別活用

意味　・伝聞＝人づてに聞くことを表す。

例　彼《かれ》は転校する（終止形）**そうだ**。

例　午後から強風が吹く（終止形）**そうです**。

チェックポイント　助動詞「ようだ・ようです」

❼ **推定・たとえの助動詞　ようだ・ようです**

接続　用言の**連体形**、助詞「の」など

活用

基本形	未然形	連用形	終止形	連体形	仮定形	命令形	活用型
ようだ	ようだろ	ようだっ ようで ように	ようだ	ような	ようなら	○	形容動詞型
ようです	ようでしょ	ようでし	ようです	（ようです）	○	○	特別活用

意味　・推定＝根拠《こんきょ》にもとづいて推《お》しはかることを表す。

例　弟がついに挑戦する（連体形）**ようだ**。

例　間もなく雨が降る（連体形）**ようです**。

・たとえ＝あるものにたとえることを表す。

例　真っ白で雪の（助詞）**ようだ**。

例　急に暗くなり、夜の（助詞）**ようです**。

3　次の文の――線部と意味が同じものを一つ選び、記号で答えなさい。

父はゴルフに行くそうだ。

ア　雲が出てきて、今にも雨が降りそうだ。

イ　病気が治ったから出席するそうだ。

ウ　彼は、朝寝坊《ねぼう》したので遅《おく》れそうだ。

エ　北海道《ほっかいどう》の冬はたいへん厳しそうだ。

［　　］

4　次の各文の（　）に合うように、推定・たとえの助動詞「ようだ」を、適当な形に直して答えなさい。

(1)　痛い（　）すぐ病院に行こう。

(2)　紅葉《もみじ》の葉は、まるで赤ちゃんの手の（　）ある。

(3)　水面はちょうど鏡の（　）た。

(1)［　　］　(2)［　　］　(3)［　　］

5　次の各文の――線部のうち、意味が異なるものを一つ選び、記号で答えなさい。

ア　この電車に乗っていないなら、どうも彼女《かのじょ》は来ないようだ。

イ　あの雲の様子だと、山頂はかなり吹雪《ふぶ》いているようだ。

ウ　無心に雪だるまをつくる幼児の手は、まるで紅葉《もみじ》のようだ。

エ　冷夏だったので、リンゴの収穫《しゅうかく》はだいぶ遅れるようだ。

〔都立産業技術高専〕　［　　］

② 品詞

活用がある付属語（4）—助動詞④—

ねらい
● 助動詞「らしい」「う・よう」「まい」「ない・ぬ（ん）」の接続・活用・意味を押さえ、それぞれ、見分けられるようにしよう。

（　月　日）

チェックポイント　助動詞「らしい」

⑧ 推定の助動詞　らしい

接続　動詞・形容詞の**終止形**、形容動詞の**語幹**、体言

活用

基本形	未然形	連用形	終止形	連体形	仮定形	命令形	活用型
らしい	○	らしかっ らしく	らしい	らしい	（らしけれ）	○	形容詞型

意味
・**推定**＝根拠《こんきょ》にもとづいて推《お》しはかることを表す。
例　兄が話している相手は高校生（体言）**らしい**。

チェックポイント　助動詞「う・よう」

⑨ 推量・意志の助動詞　う・よう

接続　**う**―五段動詞・形容詞・形容動詞の**未然形**
よう―上一段・下一段・カ変・サ変動詞の**未然形**

活用

基本形	未然形	連用形	終止形	連体形	仮定形	命令形	活用型
う	○	○	う	（う）	○	○	無変化型
よう	○	○	よう	（よう）	○	○	無変化型

意味
・**推量**＝不確実なことを推しはかることを表す。
例　彼も鼻が高かろ（未然形）**う**。
・**意志**＝話し手の強い気持ちを表す。
例　合格するために勉強し（未然形）**よう**。

ワンポイントアドバイス
● 〈推定〉は、根拠のあることを推しはかる
● 〈推量〉は、不確かなことを推しはかる
という違《ちが》い

1　次の各文の（　）に合うように、推定の助動詞「らしい」を、適当な形に直して答えなさい。
(1) 彼《かれ》の話はうそ（　）た。
(2) 雨が降る（　）、急に周りが暗くなった。

(1)	(2)

2　次の各文の――線部の意味として適当なものを後から選び、記号で答えなさい。
(1) 今日こそ、友達に電話しよう。
(2) たまには本を読もう。
(3) 晴天だから遠くまで見えよう。
(4) 彼女《かのじょ》は努力しているだろう。
(5) 久しぶりに部屋を掃除《そうじ》しよう。
ア　推量　　イ　意志

(1)	(2)	(3)	(4)	(5)

3　次の文から助動詞を抜《ぬ》き出し、意味も答えなさい。
・台風が上陸するらしいので、彼は来られまい。

助動詞	意味

チェックポイント　助動詞「まい」

⑩ 打ち消しの推量・意志の助動詞　まい

接続　五段動詞の**終止形**
上一段・下一段・カ変・サ変動詞の**未然形**

活用

基本形	未然形	連用形	終止形	連体形	仮定形	命令形	活用型
まい	○	○	まい	(まい)	○	○	無変化型

意味・打ち消しの推量＝動詞を打ち消しながら推量する。
例　雨はもう降る《終止形》**まい**。(降らないだろう)
打ち消しの意志＝動詞を打ち消しながら意志を表明する。
例　私もうそをつく《終止形》**まい**。(つかないつもりだ)

チェックポイント　助動詞「ない・ぬ(ん)」

⑪ 打ち消し(否定)の助動詞　ない・ぬ(ん)

接続　動詞の**未然形**

活用

基本形	未然形	連用形	終止形	連体形	仮定形	命令形	活用型
ない	なかろ	なかっ なく	ない	ない	なけれ	○	形容詞型
ぬ(ん)	○	ず	ぬ(ん)	ぬ(ん)	ね	○	特別活用

意味・打ち消し(否定)＝動作や存在を打ち消すことを表す。
例　病気になり、行け《未然形》**なく**なった。
例　練習もせ《未然形》**ず**、試合に出た。

ワンポイントアドバイス

●「ない」は助動詞と形容詞にあり！
その見分け方は最重要知識(⇩76ページ)

---

4 次の(1)・(2)の問いに答えなさい。

(1) 次から、「察することができない」の「ない」と意味・用法が同じものを一つ選び、記号で答えなさい。

ア　私には信じられない。
イ　忘れ物はひとつもない。
ウ　今日は観客が少ない。
エ　どちらにも差はない。
オ　その場所は危ない。

〔福島〕

(2) 次から、文法上の性質が異なるものを一つ選び、記号で答えなさい。

ア　全く考えられないことに、
イ　なにもそうこだわることはない。
ウ　今度はよほど気を配らないと、
エ　木の秘めた感情は探れないぞ、

〔石川〕

5 次の各文の(　)に合うように、打ち消し(否定)の助動詞「ぬ」を適当な形に直して答えなさい。

(1) 受験に備えて勉強せ(　)ばならない。
(2) ミスを認め(　)に、正当性を主張する。

(1)
(2)

23 ②品詞 活用がある付属語（5）—助動詞⑤—

ねらい
① 助動詞「た」「ます」の接続・活用・意味を押さえ、それぞれ、見分けられるようにしよう。
② 助動詞の見つけ方を、確実に覚えよう。

〔　月　日〕

チェックポイント 助動詞「た」

⑫ **過去・完了《かんりょう》の助動詞　た**

接続　用言の**連用形**

活用

基本形	未然形	連用形	終止形	連体形	仮定形	命令形	活用型
た	たろ	○	た	た	たら	○	特別活用

意味
・**過去**＝動作や状態が過ぎ去ったことを表す。
例　自習時間はたいへん静かだっ（連用形）**た**。
・**完了**＝動作が完全に終わったことを表す。
例　本を読ん（連用形）**だら**、かたづけなさい。
・**存続**＝動作や状態が、そのまま続いていることを表す。
例　屋根を赤く塗っ（連用形）**た**家。

注　完了の例のように、動詞の音便（23ページ）の場合、「た」が濁《にご》って「だ」となることがある。
・泳い**だ**　・死ん**だ**　・飛ん**だ**　・積ん**だ**
断定の助動詞「だ」（50ページ）と混同しないように注意する。
例　ボールは場外まで飛ん**だ**（過去）の**だ**（断定）。

---

1 次の各文の（　）に合うように、過去・完了の助動詞「た」を適当な形に直して答えなさい。

(1) おもちゃで遊ん（　）、元に戻《もど》しなさい。
(2) 試合はもう終わっ（　）うか。
(3) 泳い（　）時間はわずか数分だった。

(1)	
(2)	
(3)	

2 次の各文の——線部の意味として適当なものを後から選び、記号で答えなさい。

(1) 花びんに生けた[a]花がしぼんでしまった[b]。
(2) 昨日の大会で優勝した[a]ので、今、パレードを行った[b]ところだ。
(3) 荷物を積んだ船が通り過ぎて行く。
(4) 皆勤《かいきん》賞をもらった[a]のは私の弟だ[b]。
(5) いま手紙を書き終えた。
(6) 出来上がった[a]ばかりの料理を食べさせた[b]。

ア 過去　**イ** 完了　**ウ** 存続　**エ** 断定

(1)a	(1)b	(2)a	(2)b	(3)
(4)a	(4)b	(5)	(6)a	(6)b

チェックポイント 助動詞「ます」

⑬ 丁寧《ていねい》の助動詞 ます

接続 動詞の**連用形**

活用

基本形	未然形	連用形	終止形	連体形	仮定形	命令形	活用型
ます	ませ ましょ	まし	ます	ます	（ますれ）	ませ まし	特別活用

意味・丁寧＝相手に敬意を表した言い方。

例 先輩《せんぱい》、必ず優勝し（連用形）**ます**。

㊟ 命令形「まし」「ませ」は、「いらっしゃる」「くださる」「おっしゃる」「なさる」などの敬語（65ページ）の動詞のイ音便だけに接続する。

例 いらっしゃい**ませ**（命令形）　いらっしゃい**まし**（命令形）
ください**ませ**　くださ**い**・**まし**
なさい**ませ**　なさ**い**・**まし**

ワンポイントアドバイス

● **助動詞（活用がある付属語である）を見つける順序**

❶文節に分けよ。例 父に｜怒《おこ》られた。

❷自立語と付属語に分けよ。例 父（自）｜に（付）｜怒ら（自）｜れ（付）｜た（付）。（文節）

❸活用がある付属語と活用がない付属語に分けよ。

例 父 に（活用がない付属語） 怒ら れ（「れる」の連用形） た（「た」の終止形）。

❹ ❶〜❸から助動詞は、「れ」と「た」になる。

---

3 次の各文から丁寧の助動詞「ます」を抜《ぬ》き出し、活用形も答えなさい。

(1) くり返し練習しましょう。

(2) 約束は絶対に破りません。

(3) これから海へ向けて出発します。

(4) 気をつけてお帰りなさいませ。

(5) 教科書を家へ忘れてきました。

	助動詞	活用形
(1)		
(2)		
(3)		
(4)		
(5)		

4 次の各文から（ ）に示した数の助動詞を抜き出しなさい。ただし、一文中に、同じ助動詞で同じ活用形のものが重複している場合は、一つでよい。

(1) いつのころだったかおぼえてはいませんが、秋だったのでしょう。（6つ）

(2) 天気は冬が来る前の秋によくあるように、空のおくのおくまで見すかされそうに晴れわたった日でした。（5つ）

（有島武郎《ありしまたけお》「一房の葡萄《ぶどう》」）

(1)	
(2)	

24 ②品詞 活用がない付属語（1）—助詞①—

（　月　日）

ねらい
❶① 助詞の性質を押さえよう。
❷ 格助詞・接続助詞の意味・用法を押さえ、それぞれ、見分けられるようにしよう。

チェックポイント 助詞の性質

❶ 活用がない付属語である。

❷ いろいろの語について、その語と他の語との関係を表したり、また、一定の意味をつけ加えたりする。

チェックポイント 助詞の種類① 格助詞・接続助詞

❶ **格助詞**

主に体言について、その文節がどんな文の成分になるかを表したり、文節どうしの関係を表したりする。

(1) **主語となる文節をつくる。**（が・の）
例 **花が** 咲《さ》く。

(2) **連体修飾《しゅうしょく》語をつくる。**（の）
例 **桜の** 花が 咲く。

(3) **連用修飾語をつくり、時間・場所・目的・結果などを表す。**（を・に・へ・と・から・より・で）
例 **花を** 見る。

(4) **並立《へいりつ》の関係を表す。**（の・と・や）
例 **バスと** 電車に 乗る。

〈主な格助詞 用例は60ページ〉
が・の・を・に・へ・と・から・より・で・や

---

1 次の各文から、（ ）に示した数の助詞を抜《ぬ》き出しなさい。ただし、同じ語は一回でよい。

(1) 家の庭で、赤いバラがきれいに咲いている。（4）
(2) 春が来たので、花壇《かだん》に球根を植えた。（4）
(3) 父といっしょに、私も駅へ行こうかしら。（5）
(4) 寝坊《ねぼう》したけれども、急げば間に合うか。（3）
(5) 兄は、A大学へ合格することを願っている。（4）

(1)	(3)	(5)
(2)	(4)	

2 次の各文の——線部（格助詞「の」）のはたらきとして適当なものを後から選び、記号で答えなさい。

(1) これは私のだ。
(2) 私の読んだ本。
(3) 寒いの寒くないの。
(4) 桜の花が散る。

ア 連体修飾語　イ 主語
ウ 体言の代用　エ 並立

(1)	
(2)	
(3)	
(4)	

❷ 接続助詞

主に用言や助動詞について、前後の文節をつないだり、その関係を表したりする。接続のしかたには、次のようなものがある。

(1) **仮定の順接**　仮定したことに対し、順当な結果がくる場合。（ば・と）

例　台風が来**れ**ば　中止だ。（〈仮定したこと〉→順当に接続）

(2) **仮定の逆接**　仮定したことに対し、順当な結果がこない場合。（ても〈でも〉・と）

例　台風が来**ても**　決行する。

(3) **確定の順接**　事実や確実なことに対し、順当な結果がくる場合。（ば・と・ので・から・て〈で〉）

例　台風が来た**から**　中止になった。

(4) **確定の逆接**　事実や確実なことに対し、順当な結果がこない場合。（ても〈でも〉・けれど〈けれども〉・が・のに・ながら）

例　台風が来た**が**　決行した。

(5) **単純な接続**　並立の関係や補助の関係でつなぐ場合。（が・し・て〈で〉・ながら・たり〈だり〉）

例　勉強もでき**て**　スポーツも得意だ。（並立）

例　友達といっしょにやっ**て**　みる。（補助）

〈主な接続助詞　用例は60ページ〉

ば・ても(でも)・と・が・ので・から・のに・し・けれど(けれども)・て(で)・ながら・たり(だり)・つつ

---

3 **次の各文の――線部(格助詞「に」)のはたらきとして適当なものを後から選び、記号で答えなさい。**

(1) サッカー選手になる。
(2) 四月に終わる。
(3) 弟に笑われる。
(4) 泳ぎに行く。
(5) 勝利に酔《よ》う。
(6) 羽田《はねだ》に着く。
(7) 広場に集まる。

ア 時間　**イ** 場所　**ウ** 帰着点　**エ** 結果
オ 目的　**カ** 対象　**キ** 原因・理由

(1)	(2)	(3)	(4)	(5)	(6)	(7)

4 **次の各文の――線部(格助詞「と」)のはたらきとして適当なものを後から選び、記号で答えなさい。**

(1) 成人となる。
(2) 英語と数学が得意だ。
(3) 不思議だと思う。
(4) 友達と遊ぶ。

ア 相手　**イ** 結果　**ウ** 引用　**エ** 並立

(1)	(2)	(3)	(4)

5 **次の各文の――線部(接続助詞「て(で)」のはたらきとして適当なものを後から選び、記号で答えなさい。**

(1) 公園で遊んでいる。
(2) 知っていて教えない。
(3) 歯をみがいて顔を洗う。
(4) 暗くて見えない。

ア 確定の順接　**イ** 確定の逆接
ウ 並立　**エ** 補助の関係

(1)	(2)	(3)	(4)

②品詞

活用がない付属語（2）―助詞②―

ねらい
● 副助詞・終助詞の意味・用法を押さえ、それぞれ、見分けられるようにしよう。

（　月　日）

チェックポイント　助詞の種類②　副助詞・終助詞

❸ **副助詞**　いろいろな語について、次のようなさまざまな意味をつけ加える。

(1) **他との区別**を表す。（は）
例 **私は**　知らない。

(2) **他を類推**させる意味を表す。（も・さえ・でも・まで・だって）
例 **私も**　知らない。

(3) **並立《へいりつ》**を表す。（も・なり・やら・か）
例 あれ**も**　これ**も**　欲《ほ》しい。

(4) **限定**を表す。（さえ・だけ・ばかり・くらい〈ぐらい〉・しか）
例 ゲーム**ばかり**　している。

(5) **例示**を表す。（でも・など・とか・なり）
例 ゲーム**でも**　しようかな。

(6) **添加《てんか》**を表す。（さえ・まで・も）
例 雨**さえ**　降ってきた。

(7) **程度**を表す。（だけ・ばかり・くらい〈ぐらい〉・ほど）
例 泣きたい**ほど**　うれしい。

(8) **強調**を表す。（は・も・こそ）
例 今度**こそ**　優勝するぞ。

(9) **不確実**を表す。（やら・か）
例 どこ**やら**　行くらしい。

1 **次の各文の――線部の副助詞のはたらきとして適当なものを後から選び、記号で答えなさい。**

(1) その本も持っている。
(2) その本でも読もうかな。
(3) その本くらい読んだ方がよい。
(4) その本こそ読むべきだ。

ア 強調　**イ** 例示　**ウ** 程度　**エ** 他を類推

(1)	(2)	(3)	(4)

2 **次の各文の――線部の副助詞「さえ」「でも」のはたらきとして適当なものを後から選び、記号で答えなさい。**

(1) せきがひどいのに、熱さえ出てきた。
(2) とにかく勝てさえすればいい。
(3) 小学生にさえ分かる問題である。
(4) ジュースでも飲もうか。
(5) 大人でも難しいクイズだ。

ア 他を類推　**イ** 例示　**ウ** 添加《てんか》　**エ** 限定

(1)	(2)	(3)	(4)	(5)

〈主な副助詞　用例は61ページ〉
は・も・こそ・さえ・でも・まで・だけ・ばかり・くらい（ぐらい）・しか・ほど・など・とか・なり・ずつ・やら・か・だって

❹ 終助詞

主に文の終わりの語について、次のようなさまざまな意味をつけ加える。

(1) **疑問**を表す。（か・かしら・の）
例　君も　見たい**か**。

(2) **反語**を表す。（か）
例　そんなこと　どうして　できよう**か**。

(3) **禁止**を表す。（な）
例　もう　泣く**な**。

(4) **感動**を表す。（か・な〈なあ〉・ね〈ねえ〉・よ・や・わ）
例　あの映画は　おもしろかった**ね（え）**。

(5) **詠嘆**《えいたん》を表す。（か）
例　そんなことだったの**か**。

(6) **勧誘**《かんゆう》を表す。（よ・や）
例　早く　行こう**よ**。

〈主な終助詞　用例は61ページ〉
か・な・ぞ・な（なあ）・ね（ねえ）・かしら・とも・よ・や・さ・の・わ

---

3 **次の各文の——線部の終助詞「か」のはたらきとして適当なものを後から選び、記号で答えなさい。**

(1) そんなひどいことを、どうしてできようか。
(2) ああ、今日もまた雨か。
(3) これから遊びに行くのか。
(4) ついに優勝したか。

ア 疑問　**イ** 反語　**ウ** 感動　**エ** 詠嘆

(1)	(2)	(3)	(4)

4 **次の各文の——線部の終助詞「よ」のはたらきとして適当なものを後から選び、記号で答えなさい。**

(1) そろそろ、ゲーム、やめようよ。
(2) そんなことをするなんて、ひどいよ。
(3) 友よ、ありがとう。
(4) 動物をいじめるのはやめろよ。
(5) もう二度とやらないんだよ。

ア 呼びかけ　**イ** 感動　**ウ** 念を押《お》す
エ 命令　**オ** 勧誘

(1)	(2)	(3)	(4)	(5)

助詞の用例集

格助詞

が
- ○雨が降る。（主語）
- ○時間が足りない。（対象）

の
- ○春のあらしが吹《ふ》く。（連体修飾《しゅうしょく》語）
- ○母の作った料理。（主語）
- ○これは妹のです。（体言の代用）
- ○痛いの、痛くないの。（並立《へいりつ》）

を
- ○手紙を書く。（対象）
- ○グラウンドを走る。（場所）
- ○小学校を卒業する。（起点）

に
- ○三時に始まる。（時間）
- ○駅に集まる。（場所）
- ○東京に着く。（帰着点）
- ○漫画《まんが》家になる。（結果）
- ○映画に行く。（目的）
- ○雨に降られる。（対象）
- ○怖《こわ》さに震《ふる》える。（原因・理由）

へ
- ○東へ行く。（方向）
- ○机の上へ置く。（帰着点）
- ○友達へメールする。（相手）

と
- ○家族と旅行する。（相手）
- ○高校生となる。（結果）
- ○「はい。」と答える。（引用）
- ○白と赤。（並立）

から
- ○外国から帰って来る。（起点）
- ○米から酒を作る。（材料・手段）
- ○不注意からの失敗。（原因・理由）

より
- ○去年より寒い。（比較）
- ○一時より始める。（起点）
- ○そうするより方法がない。（限定）

で
- ○教室で過ごす。（場所）
- ○電車で行く。（材料・手段）
- ○病気で休む。（原因・理由）
- ○六時でやめる。（時間）
- ○笑顔であいさつする。（状態）

や
- ○リンゴやミカン。（並立）

接続助詞

ば
- ○走れば間に合う。（仮定の順接）
- ○冬になれば寒い。（確定の順接）
- ○運動もすれば、本も読む。（並立）

ても／でも
- ○難しくても解こう。（仮定の逆接）
- ○何度読んでも難しい。（確定の逆接）

と
- ○冬が来ると寒い。（確定の順接）
- ○読むと分かる。（仮定の順接）
- ○笑われようと平気だ。（仮定の逆接）

が
- ○笑われようが平気だ。（仮定の逆接）
- ○訪問したが留守だった。（確定の逆接）
- ○兄も立派だが弟も立派だ。（前置き）
- ○歌詞もいいが曲もいい。（並立）

ので
- ○眠《ねむ》いので寝《ね》た。（確定の順接）

から
- ○眠いから寝た。（確定の順接）

けれど／けれども
- ○咲《さ》いたけれど散った。（確定の逆接）
- ○兄も強いけれども弟も強い。（対比）

のに
- ○仲良しなのにけんかする。（確定の逆接）

し
- ○頭もいいし性格もいい。（並立）

て／で
- ○疲《つか》れて歩けない。（確定の順接）
- ○見て見ないふり。（確定の逆接）
- ○細くて長い。（並立）
- ○虫が飛んでいる。（補助の関係）

ながら
- ○知っていながら教えない。（確定の逆接）
- ○食べながら話す。（同時）

たり／だり
- ○とんだりはねたりする。（並立）
- ○漫画を読んだりして過ごす。（例示）

つつ
- ○テレビを見つつ、食事をする。（同時）
- ○成績がよくなりつつある。（継続）

副助詞

は ◦中学生**は**入場できる。（他と区別）
◦兄で**は**ない。（強調）

も ◦私**も**知らない。（他を類推）
◦手**も**足**も**出ない。（並立）
◦三時間**も**勉強した。（強調）

こそ ◦今度**こそ**優勝だ。（強調）

さえ ◦水**さえ**飲めない。（他を類推）
◦元気で**さえ**いればいい。（限定）
◦雨**さえ**降りだしてきた。（添加《てんか》）

でも ◦私**でも**知っている。（他を類推）
◦ゲーム**でも**しよう。（例示）

まで ◦成功する**まで**続ける。（限度）
◦雨**まで**降りだしてきた。（添加）

だけ ◦兄**だけ**は賛成した。（限定）
◦やれる**だけ**やってみる。（程度）

ばかり ◦本**ばかり**読んでいる。（限定）
◦一時間**ばかり**寝る。（程度）
◦買った**ばかり**の車。（間もない状態）
◦泣きださん**ばかり**の顔。（今にもしようとする）

くらい/**ぐらい** ◦十時間**くらい**かかる。（程度）
◦復習**ぐらい**しろよ。（限定）

しか ◦私**しか**知らない。（限定）

ほど ◦泣きたい**ほど**うれしい。（程度）
◦昨年**ほど**暑くない。（比較）

など ◦桜や梅**など**を植える。（例示）
◦小さい失敗**など**気にするな。（軽視）

とか ◦野球**とか**サッカー**とか**の球技。（例示）

なり ◦メール**なり**で連絡《れんらく》する。（例示）
◦果物**なり**菓子《かし》**なり**を食べる。（並立）

ずつ ◦一枚**ずつ**取る。（割り当て）

やら ◦だれ**やら**来たようだ。（不確実）
◦本**やら**ノート**やら**がある。（並立）

か ◦だれ**か**いるようだ。（不確実）
◦父**か**母が来ます。（並立）

だって ◦だれ**だって**できる。（他を類推）

終助詞

か ◦スキーをやりたい**か**。（疑問）
◦そんなことありえよう**か**。（反語）
◦バラはこんなに美しいの**か**。（感動）
◦だめだったの**か**。（詠嘆《えいたん》）

な ◦何も言う**な**。（禁止）
◦もっと勉強し**な**。（命令）

ぞ ◦さあ、やる**ぞ**。（強調）

な/**なあ** ◦ゲームって楽しい**なあ**。（感動）
◦私も行きたい**なあ**。（願望）
◦さっき言ったよ**な**。（念を押《お》す）

ね/**ねえ** ◦見事な作品だ**ねえ**。（感動）
◦それでいいんだ**ね**。（念を押す）
◦どうした**ね**。（問いかけ）
◦私**ね**、英会話を習うの。（語調を整える）

かしら ◦雨になる**かしら**。（疑問）
◦手伝ってくれない**かしら**。（願望）

とも ◦もちろん、行く**とも**。（強調）

よ ◦風**よ**、吹け。（呼びかけ）
◦空がきれいだ**よ**。（感動）
◦手を洗うんだ**よ**。（念を押す）
◦もうやめろ**よ**。（命令）
◦ここで休もう**よ**。（勧誘《かんゆう》）

や ◦おじいさん**や**、ごはんだよ。（呼びかけ）
◦そろそろやめよう**や**。（勧誘）
◦入賞するなんて、すごい**や**。（感動）

さ ◦悲しくなんかない**さ**。（断定）

の ◦どこへ行く**の**。（疑問）
◦いいえ、行きません**の**。（断定）

わ ◦彼女《かのじょ》は立派だ**わ**。（感動）
◦私も手伝う**わ**。（主張）

入試問題で力だめし ④

1 次の(1)～(6)の問いに答えなさい。

(1) 次から、見つけられずの品詞の並び順として適当なものを一つ選び、記号で答えなさい。

ア 動詞／助動詞／助動詞／助動詞
イ 動詞／動詞／助動詞／助動詞／助詞
ウ 動詞／助動詞／助動詞／助詞
エ 動詞／動詞／助詞／助詞

〔三重〕

(2) 例にならって、説明できないというのがの中の助詞と助動詞の右側に——線を引きなさい。

例 人は、大きな夢を持つべきだ。

説明できないというのが

〔岩手〕

(3) 例にならって、持たされているのであろうかを品詞分解し、それぞれの品詞名も答えなさい。ただし、活用のあるものは活用形も答えなさい。

例

これ	は	今年	の	試験問題	です
名詞	助詞	名詞	助詞	名詞	助動詞 終止形

持たされているのであろうか

〔慶応義塾女子高〕

(4) 世界的な数学者もいるくらいであるの「くらい」と特別な能力らしいの「らしい」の品詞名を、それぞれ答えなさい。

a
b

〔兵庫〕

(5) 次の各文の——線部から、品詞が異なるものを一つ選び、記号で答えなさい。また、その品詞として適当なものを後から選び、記号で答えなさい。

a 解する人が少なくないらしい。
b 世相を反映しているかのようだ。
c 実はコウモリでも知っている。
d そのことを発見した。

ア 動詞　**イ** 形容詞　**ウ** 形容動詞　**エ** 助動詞

品詞

〔愛媛〕

(6) 次の各文の——線部の品詞名を答えなさい。ただし、助詞については、その種類で答えなさい。（例 終助詞）

a 新味が薄《うす》れつつあり、
b 文字を持たない社会の人々は、
c ここでは二つしか挙げないが、
d 本質的な理由があるわけではない。

a
b
c
d

〔ラ・サール高〕

2 **次の(1)～(3)の問いに答えなさい。**

(1) 次から、雪解けが進んだスキー場の「だ」と意味・用法が同じものを一つ選び、記号で答えなさい。

ア 思いやりの心が大切だということを、改めて実感した。
イ 今日はさむくなりそうだから、コートを着て行きなさい。
ウ 彼《かれ》は日本に来て三か月だが、日本語を上手に話す。
エ 朝から思うぞんぶんに泳いだので、午後からは勉強しよう。

〔新潟〕

(2) 次から、いろいろの約束事に縛《しば》られることもあるの「れる」と意味・用法が同じものを一つ選び、記号で答えなさい。

ア ふるさとに帰ると、昔のことが思い出される。
イ 隣《となり》のおじいさんには高校生のお孫さんがおられる。
ウ 彼女《かのじょ》の誕生《たんじょう》日を祝うパーティーに招かれる。
エ 朗読《ろうどく》の手本として、まず、先生が読まれる。

〔奈良〕

(3) 次から、ここまで濡《ぬ》れた本は元に戻《もど》らないだろうの「ない」と意味・用法が同じものを一つ選び、記号で答えなさい。

ア ほとんど残りがない。
イ 泣かない約束をした。
ウ 迷いのない生き方をする。
エ 二度とない機会だ。

〔長崎〕

3 **次の(1)～(4)の問いに答えなさい。**

(1) 次から、ぴったり呼吸の合うことをいったの「の」と意味・用法が同じものを一つ選び、記号で答えなさい。

ア この弁当箱は弟のだ。
イ 姉の見たがっていた映画が公開される。
ウ 母の自転車を譲《ゆず》り受ける。
エ 美しい景色を見るのが楽しみだ。
オ 町内会長の祖父があいさつする。

〔福島〕

(2) 次の――線部のうち、意味・用法が異なるものを一つ選び、記号で答えなさい。

ア 歌の完成度が低いということだろうか。
イ はっとさせられることが多い。
ウ 「あなたのことが好きです」ということである。
エ それが恋《こい》の歌の生まれる第一歩。

〔大阪〕

(3) 鋭《するど》い嘴《くちばし》と黄金色の瞳《ひとみ》であったの「と」と意味・用法が同じものを一つ選び、記号で答えなさい。

ア 仲の良い友達と一緒《いっしょ》に遊びに行った。
イ 誕生日にケーキと贈《おく》り物を用意した。
ウ 開演は午後五時ということであった。
エ 彼のもとには右腕《みぎうで》と頼《たの》む部下がいる。

〔宮城〕

(4) あまりの「乱暴」な振《ふ》る舞《ま》いに仰天《ぎょうてん》するかもしれないの「に」と意味・用法が同じものを一つ選び、記号で答えなさい。

ア 中庭のひまわりがきれいに咲《さ》いている。
イ 動物園のシロクマが暑さにまいっていた。
ウ 彼女は今日も楽しそうに笑っている。
エ 彼はまだ若いのにしっかりしている。

〔京都〕

敬語の種類（1）

ねらい
① 敬語の三つの種類を押さえよう。
② 尊敬語のいろいろな用語を押さえ、使う場面や言い方を知ろう。

（　月　日）

チェックポイント　尊敬語・謙譲語・丁寧語

敬語とは、話し手（書き手）が聞き手（読み手）や話題にのぼった人物に対して、敬意を表すために用いる言葉である。敬語には、**尊敬語・謙譲《けんじょう》語・丁寧《ていねい》語**の三種類がある。

❶ **尊敬語**　聞き手（読み手）の動作や、その人に関係する人や物などを高めることで、話し手（書き手）が聞き手（読み手）に敬意を表す言葉。

例　先生が家庭訪問に**いらっしゃる**。
←先生の動作（来る）を高めることで先生への敬意を表す。

❷ **謙譲語**　話し手（書き手）の動作や、その人に関係する人や物などをへりくだらせることで、聞き手（読み手）や話題に出てくる人に敬意を表す言葉。

例　先生から手紙を**いただく**。
←話し手（書き手）の動作（もらう）をへりくだることで先生に敬意を表す。

❸ **丁寧語**　事柄《ことがら》を丁寧に述べることで、聞き手（読み手）に敬意を表す言葉。

例　先生、これが私の作品**です**。
←「作品だ」を「作品です」と丁寧に言うことで聞き手（先生）に敬意を表す。

---

1 **次のような場合、どのような敬語表現が適当か。後から選び、記号で答えなさい。**

(1) 先生に自分の身内のことを話す場合。
(2) 先生に何かを依頼《いらい》する場合。
(3) 身内に先生のことを話す場合。
(4) 自分の研究発表を多くの人の前で話す場合。
(5) 自分の経験を先生に話す場合。
(6) 社員が社長のことを他社の者に話す場合。

ア　尊敬語　イ　謙譲語　ウ　丁寧語

(1)	(2)	(3)	(4)	(5)	(6)

2 **次の尊敬語に当てはまる言葉を後から選び、記号で答えなさい。**

(1) おっしゃる　(2) いらっしゃる　(3) なさる
(4) 召し上がる　(5) くださる

ア　行く・来る・いる　イ　する　ウ　食べる
エ　くれる　オ　言う

(1)	(2)	(3)	(4)	(5)

チェックポイント 尊敬語の用語

〈動 詞〉

・おっしゃる（言う） 例 先生がおっしゃる。

・なさる（する） 例 あのかたは作曲をなさる。

・くださる（くれる） 例 どなたが指導してくださるの。

・いらっしゃる 例 先生が教室へいらっしゃった。

（行く・来る・いる） 例 家にはどなたがいらっしゃるの。

・召《め》し上がる（食べる） 例 何でも召し上がるかたです。

〈助動詞〉

・れる 例 先生が家庭訪問される。

・られる 例 先生が私の家に来られる。

〈名 詞〉・あなた・どなた・あのかた・先生・殿下《でんか》

例 皇太子殿下が開会式に出席される。

〈接頭語〉

例 貴社の社長のご意見をうかがわせてください。

例 尊父と令息の健康をお祈り致します。

例 お名前を芳名《ほうめい》帳にご記入ください。

〈接尾語〉・山田さん・佐藤様・鈴木殿《どの》

〈お～になる・ご～になる〉

例 先生がお話しになる。

例 どなたがご出発になるのですか。

---

3 次の各文の――線部を尊敬語に直しなさい。ただし(1)～(4)は尊敬語の動詞を使うこと。

(1) 何を食べるのですか。

(2) あなたはどなたと来ますか。

(3) どなたがくれたものですか。

(4) 先生の言っていることは分かります。

(5) 君は音楽が好きですか。

(6) あのかたが読んだ本を拝借する。

(1)	(3)	(5)
(2)	(4)	(6)

4 次の各文から敬語（名詞は除く）を使っている文を一つ選び、その語を抜《ぬ》き出し、敬語の種類も答えなさい。

(1) この問題はあなたなら答えられる。

(2) 失敗ばかりしていて笑われる。

(3) 小学校の先生のことが思い出される。

(4) 宿題を忘れて先生に怒《おこ》られる。

(5) どなたが旅行に行かれるの。

番号	敬語	種類

27 ③ 敬語

敬語の種類（2）

ねらい
① 謙譲語・丁寧語のいろいろな用語を押さえ、使う場面や言い方を知ろう。
② 敬語を正しく使えるようにしよう。

〔　月　日〕

チェックポイント 謙譲語の用語

〈動　詞〉

- **・申す・申し上げる** 例 母が**申して**おりました。
- （言う） 例 お見舞《みま》い**申し上げ**ます。
- **・いたす**（する） 例 これから開会**いたし**ます。
- **・差し上げる**（やる） 例 手紙を**差し上げる**予定です。
- **・参る**（行く・来る） 例 お宅へ**参り**ます。
- **・うかがう** 例 学校へ**うかがい**ます。
- （行く・来る・聞く） 例 先生から**うかがう**。
- **・承《うけたまわ》る**（聞く） 例 その件は**承り**ました。
- **・いただく** 例 昼食を**いただく**。
- （食べる・もらう） 例 手紙を**いただく**。
- **・おる**（いる） 例 母は家に**おり**ます。
- **・拝見する**（見る） 例 あなたの絵を**拝見し**ました。
- **・お目にかかる**（会う） 例 ぜひ**お目にかかり**たいと思います。

〈名　詞〉**・わたくし・せがれ・家内・手前**

例 **手前**には**家内**と**せがれ**二人がいます。

〈接頭語〉**・拙宅《せったく》・小生・拝見・粗品《そしな》・弊社《へいしゃ》・愚息《ぐそく》・愚考《ぐこう》**

〈接尾語〉**・わた(く)しども・わた(く)しめ**

〈お～する・ご～する〉

例 **お読みする**。　例 **ご案内する**。

---

1 次の謙譲語に当てはまる言葉を後から選び、記号で答えなさい。

(1) 差し上げる　(2) うかがう　(3) 申し上げる
(4) お目にかかる　(5) 拝見する　(6) 承《うけたまわ》る
(7) いただく　(8) おる　(9) いたす

ア 言う　イ する　ウ やる　エ いる
オ 行く・来る・聞く　カ 食べる・もらう
キ 見る　ク 聞く　ケ 会う

(1)	(2)	(3)	(4)	(5)
(6)	(7)	(8)	(9)	

2 次の各文の――線部を謙譲語に直しなさい。

(1) 私があなたの家へ行きます。
(2) 母が先生に会い[a]たいと言っ[b]ています。
(3) 私が演奏をします。
(4) 私は、見事なお庭を見[a]ながら、お昼を食べ[b]た。

(1)	(2) a	(2) b
(3)	(4) a	(4) b

チェックポイント　丁寧語の用語

〈動　詞〉
・ございます（ある）　例　この先に公園が**ございます**。
・おります（いる）　例　家には父が**おります**。

〈助動詞〉
・です　例　右に曲がると駅**です**。
・ます　例　これから映画に行き**ます**。

〈接頭語〉・お水・ご飯

チェックポイント　誤りやすい敬語の使い方

❶ **謙譲語を尊敬語と間違《まちが》えない。**

例 [誤]・先生はどこにおりますか。×
　 [正]・先生はどこにいらっしゃいますか。

例 [誤]・お客様、何にいたしますか。×
　 [正]・お客様、何になさいますか。

❷ **自分の身内の者には、尊敬語を使わない。**

例 [誤]・お母さん×が先生にお会いになりたい×そうです。
　 [正]・母が先生にお目にかかりたいそうです。

❸ **敬語を乱用しない。**

例 [誤]・先生はご本をお読みになられますか。×
　 [正]・先生は本を読まれ（お読みになり）ますか。

---

3 次の各文の――線部を(1)(2)は動詞、(3)(4)は助動詞の丁寧語に直しなさい。

(1) ホテルには非常口がある。
(2) 動物園にはキリンがいる。
(3) 好きな果物はリンゴだ。
(4) 間もなく雨が降る。

(1)	(2)
(3)	(4)

4 次の各文から、敬語の種類が異なるものを一つ選び、記号で答えなさい。

ア どちらへいらっしゃいますか。
イ こちらからうかがいます。
ウ たくさんめしあがってください。
エ 何になさいますか。

〔宮崎〕

5 次から「何をなさるおつもりですか」の――線部と敬語の種類が同じものを一つ選び、記号で答えなさい。

ア 大雪のため、校庭での競技は中止です。
イ 主催《しゅさい》者から賞品を差し上げることに致《いた》します。
ウ 「お久しぶりでございます。」と言った。
エ 食事を召し上がる時のお客様のうれしそうな顔が印象的だ。

〔都立新宿高〕

入試問題で力だめし ⑤

1 次の(1)～(3)の問いに答えなさい。

(1) 次の文の□に当てはまる適当な敬語表現を書きなさい。

私は先日、先生に「いつ家庭訪問に□のですか」というべきところを、「いつ家庭訪問に来るの」と言って注意されました。

□

〔長崎〕

(2) 次の――線①・②に共通する一単語の敬語を、どちらの文にも当てはまるように活用させて書きなさい。ただし、平仮名四字で答えること。

・職員のみなさまのお話を聞き①、介護《かいご》が責任の重いお仕事で

・菜の花園に訪問し②、得られたこの体験をこれからの学習に

□□□□

〔千葉〕

(3) 次の――線部①～④をそれぞれ謙譲《けんじょう》語に直しなさい。ただし、①～③は四字、④は五字とする。漢字・平仮名は指定字数に応じて使い分けること。

尊敬語は「話の中身」に登場させる人物や動作を高く扱《あつか》う表現です。

a、御飯《ごはん》を食べる① → 召《め》し上がる

b、そこに来る・行く・いる② → いらっしゃる・おいでになる

c、絵を見る③ → ご覧になる

d、電話で言う④ → おっしゃる

〔函館ラ・サール高〕

① □□□□　② □□□□

③ □□□□　④ □□□□□

2 次の(1)・(2)の問いに答えなさい。

(1) 次から、昨日、お隣《となり》からおいしいミカンをいただきましたの、「いただき」と同じ種類の敬語を含《ふく》んでいる文を一つ選び、記号で答えなさい。

ア 明日の三時に会社へうかがいます。よろしいでしょうか。

イ 母の手作りのケーキです。どうぞ召し上がってください。

ウ 先生のおっしゃった言葉は、今でも胸に残っています。

エ ピカソの絵画展には、もうおいでになりましたか。

□

〔沖縄〕

(2) 次の各文の「いらっしゃる」のうち、用法が異なるものを一つ選び、記号で答えなさい。

ア 私のピアノの演奏を、学校の先生が聴《き》きにいらっしゃる。

イ 留学中にお世話になった方が、私に会いにいらっしゃる。

ウ 明日、本校に県外から有名な作家が講演にいらっしゃる。

エ 奉仕《ほうし》作業で、地域の方々が正午まで学校にいらっしゃる。

□

〔栃木〕

3 次の各文の——線部を、(1)～(3)は尊敬語、(4)～(8)は謙譲語に直しなさい。

(1) 文化の一つだと先生が言っていましたね。 〔徳島〕
(2) 山田先生が学校にいるので、 〔鳥取〕
(3) 食べてください。 〔岩手〕
(4) 先生からその歌の解説を聞いたことがあった。 〔富山〕
(5) 心からお礼を言います。 〔千葉〕
(6) 先生からもらったアドバイスを胸に刻んで、 〔高知〕
(7) 貴社に行った際に撮《と》らせていただいた 〔高知〕
(8) 入り口であなたと会ったのは 〔お茶の水女子大附高〕

(1)	(2)	(3)
(4)	(5)	(6)
(7)	(8)	

4 次の——線部を、敬語を使って適当な表現に直しなさい。

先生がご自宅にいる時、遊びに行くつもりです。

先生が[　　　]つもりです。 〔山形〕

5 次の会話文の[　]に当てはまる適当なものを後から一つ選び、記号で答えなさい。

先生「家庭訪問に都合のよい日をお母さんに聞いてくれましたか。」
生徒「はい。[　　]」
先生「わかりました。では、火曜日にしましょう。」

ア 火曜日に来てくださいと母がおっしゃいました。
イ 火曜日においでくださいと母が申しました。
ウ 火曜日にうかがってくださいと母が言いました。
エ 火曜日に訪問してくださいと母がお言いになりました。

[　　] 〔高知〕

6 次の各文の敬語の使い方について、(　)の中から適当なものを一つ選び、記号で答えなさい。

(1) 父は今、家に(ア おりません イ いらっしゃいません ウ いません)。
(2) お客様、ここで(ア お待ち申して イ お待ちになさって ウ お待ちになって)ください。
(3) 冷めないうちに、どうぞ(ア いただいて イ 食べて ウ 召し上がって)ください。
(4) 明日は日曜日ですが(ア 来られ イ 来れ ウ まいれ)ますか。
(5) お忘れ物を(ア しませんよう イ なさいませんよう ウ いたしませんよう)ご注意ください。

(1)	(2)	(3)	(4)	(5)

〔堀越高〕

28 ④品詞の識別 品詞識別法(1)

ねらい
① 品詞分解の手順（文を文節→単語に区切る）を押さえよう。
② 品詞識別の手順を押さえよう。

〔　月　日〕

チェックポイント 品詞分解の手順

十の品詞を正確に識別するためには、まず文の品詞分解を完全にしておく必要がある。
かつて徳島《とくしま》県の高校入試で出題された次の問いを例に、品詞分解から始めてみよう。

> 問 決して約束に遅《おく》れることがないを単語に分けたとき、自立語で語形が変化する単語を、すべて書きなさい。

手順① **与《あた》えられた文をまず文節に区切る。5ページの〈ワンポイントアドバイス〉「文節の切れ目には『ネ』が入る！」を思い出そう。**

▼決して(ネ)約束に(ネ)遅れる(ネ)ことが(ネ)ない

手順② **文節に区切ったら、さらに単語に分ける。**

▼〈文節〉決して｜約束に｜遅れる｜ことが｜ない
〈単語〉決して｜約束｜に｜遅れる｜こと｜が｜ない

と七つの単語に分けることができる。問では、「自立語で語形が変化する単語」を答えることになっている。

手順③ **自立語とは、文節の最初にあって、それだけで文節を作れる単語のことをいう。**問の文では、

▼決して・約束・遅れる・こと・ないの五つの単語が自立語である。

---

1 **例にならって、次の各文を＜で文節に区切り、さらに単語に区切って、右側を——線をつけなさい。**

(1) 朝起きると、家にはだれもいなかった。
(2) 球技大会で優勝することができてうれしい。
(3) 遊園地は、人また人でたいへん混雑していた。
(4) あらゆる国が注目している国際会議が始まった。
(5) まるで雪が降ったように、辺りは真っ白だ。

例 彼《かれ》は＜まじめな＜中学生です。

(1) 朝起きると、家にはだれもいなかった。
(2) 球技大会で優勝することができてうれしい。
(3) 遊園地は、人また人でたいへん混雑していた。
(4) あらゆる国が注目している国際会議が始まった。
(5) まるで雪が降ったように、辺りは真っ白だ。

手順④

問では、「**語形が変化する単語**」とあるが、これは**活用がある単語**のことである。**自立語で活用がある単語**とは、言い切り（終止形）がウ段の音で終わる**動詞**、「い」で終わる**形容詞**、「だ・です」で終わる**形容動詞**の三品詞である。

問の自立語のうち、「遅れる」はウ段で終わっているから動詞、「ない」は「い」で終わっているから形容詞となり、この二語が「自立語で語形が変化する単語」となる。

チェックポイント　品詞識別の手順

高校入試では、与えられた単語の品詞名を答えさせる出題も多いので、その手順をまとめておく。

手順⑤　与えられた単語が自立語か付属語かを見分ける。

自立語
- 文節の最初にある。
- 品詞＝**動詞・形容詞・形容動詞・名詞・副詞・連体詞・接続詞・感動詞**（8品詞）

付属語
- それだけでは文節が作れない。
- 品詞＝**助動詞・助詞**（2品詞）

手順⑥　活用があるか、活用がないかを見分ける。

活用がある
- 自立語＝**動詞・形容詞・形容動詞**
- 付属語＝**助動詞**

活用がない
- 自立語＝**名詞・副詞・連体詞・接続詞・感動詞**
- 付属語＝**助詞**

ここまで整理し、あとは15ページの品詞分類表にまとめてあるそれぞれの品詞の違《ちが》いをもとに、品詞の識別をするとよい。

（次ページ）

2　**1**の(1)〜(5)の各文から、自立語と付属語を、出てきた順に例にならって答えなさい。（同一語は一回でよい）

	自立語	付属語
例	彼・まじめな・中学生	は・です
(1)		
(2)		
(3)		
(4)		
(5)		

3　**2**をもとに、次の表に単語を書きなさい。ただし、一つの文で同一語は一回とし、該当語《がいとう》がない場合は解答欄《らん》に／線を書くこと。

	自立語		付属語	
	活用がある	活用がない	活用がある	活用がない
(1)				
(2)				
(3)				
(4)				
(5)				

29 ④ 品詞の識別　品詞識別法（2）

ねらい
① 十の品詞の違いを押さえよう。
② 「文を単語に区切る」「品詞名を答える」ための手順を、確実に覚えよう。

（　月　日）

チェックポイント　十の品詞の違い

15ページの品詞分類表をもとに、それぞれの品詞の違いをまとめると次のようになる。

71ページの **手順⑤** から、品詞の数が少ないのは付属語であることが分かる。まず付属語の二品詞をまとめておこう。

手順⑦

分類1 付属語で
- 活用がある → 助動詞
- 活用がない → 助詞

例　ほめ　られれ　ば　うれしい。〈文節〉
- 「られ・られる」などと活用するから助動詞
- 活用しないから助詞

次に、**手順⑥** から、活用がある自立語の三品詞に注目しよう。

分類2 活用がある自立語［用言］
- ウ段の音で終わる → 動詞
- 「い」で終わる → 形容詞
- 「だ・です」で終わる → 形容動詞

例　明るく　静かな　部屋　で　読書　を　する。〈文節〉
- 終止形が「明るい」だから形容詞
- 終止形が「静かだ」だから形容動詞
- 終止形が「する」だから動詞

残りの品詞は自立語の五つになった。これらは文の成分（6ページ）の違いに注目するとよい。

◆ **次の各文は、70ページの1の(1)～(5)を＜で文節に区切り、──で単語に分けたものである。これをもとに後の問いに答えなさい。**

(1) 朝＜起きる｜と、＜家｜に｜は＜だれ｜も＜い｜なかっ｜た。
(2) 球技大会｜で＜優勝する＜こと｜が＜でき｜て＜うれしい。
(3) 遊園地｜は、＜人＜また＜人｜で＜たいへん＜混雑し｜て＜い｜た。
(4) あらゆる＜国｜が＜注目し｜て＜いる＜国際会議｜が＜始まっ｜た。
(5) まるで＜雪｜が＜降っ｜た｜ように、＜辺り｜は＜真っ白だ。

1 付属語のうち、活用がある単語を(2)を除《のぞ》く各文からそれぞれ抜《ぬ》き出し、品詞名も答えなさい。

(1)	(3)	(4)	(5)

品詞名

2 付属語のうち、活用がない単語を各文からそれぞれ抜き出し、品詞名も答えなさい。（同一語は一回でよい）

(1)	(2)	(3)	(4)	(5)

品詞名

分類3 **単独で主語になる**→ 名詞 〔体言〕

例 桜の花が咲《さ》いた。
（〈文節〉 主語の文節 → 主語になっている**名詞**）

分類4 **単独で修飾《しゅうしょく》語になる**
- **主に用言を修飾** → 副詞
- **体言だけを修飾** → 連体詞

例 たぶん大きな花が咲くだろう。
（〈文節〉 →「咲くだろう」を修飾している**副詞** →「花が」を修飾している**連体詞**）

分類5 **単独で接続語になる**→ 接続詞

例 雨が降ってきた。しかし、大会は決行された。
（→上の文と下の文をつなぐ**接続詞**）

分類6 **単独で独立語になる**→ 感動詞

例 まあ、たいへんだ、外は大雪だ。
（→話し手の気持ちを表している**感動詞**）

70・71ページの**手順①**から**手順⑥**までと、72・73ページの**手順⑦** **分類1**から**分類6**までの方法を覚えておくと、高校入試などでよく出題されている、「文を単語に区切る」「単語の品詞を答える」「与《あた》えられた単語と同じ品詞、あるいは異なる品詞を選ぶ」などの設問に十分に対応できる。下段の設問や「入試問題で力だめし」などを解きながら、品詞の識別に慣れるようにしよう。

---

3 **自立語のうち、活用がある単語を各文からそれぞれ抜き出しなさい。**

(1)
(2)
(3)
(4)
(5)

4 **3で抜き出した単語のうち、形容詞と形容動詞をそれぞれ一つずつ答え、さらに、二つ以外の品詞名を答えなさい。**

形容詞	
形容動詞	
その他の品詞	

5 **(1)～(5)から、各文ごとに名詞を抜き出しなさい。**

(1)
(2)
(3)
(4)
(5)

6 **(1)～(5)から、副詞をすべて抜き出しなさい。ただし、各文にあるとは限らない。**

7 **(4)から連体詞を一つ抜き出しなさい。**

8 **(3)から接続詞を一つ抜き出しなさい。**

入試問題で力だめし⑥

1 次の(1)・(2)の問いに答えなさい。

(1) 自然に大きな変動を与《あた》えることはなかったようにを単語に分けると、最後の単語は「ように」となり、十一の単語に分けることができる。このとき、最初から六番目の単語とその品詞名を書きなさい。

単語	品詞名

〔徳島〕

(2) 例にならって、ないこともなかったを品詞に分け、その品詞名を答えなさい。

例 試合（名詞）｜に（助詞）｜勝つ（動詞）

〔大阪教育大附高（平野）〕

な い こ と も な か っ た

2 次の(1)〜(3)の問いに答えなさい。

(1) 次の各文の——線部のうち、付属語をすべて選び、記号で答えなさい。

ア あの懐《なつ》かしいミツザワ書店がそのまま立ちあらわれる。
イ 自分の読みたい本ばかり注文して、片っ端《ぱし》から読んで。
ウ だれかに読まれるのを、じっと待っているかのように。
エ 世界に通じる小さな扉《とびら》は、近々きっと開くのだろうから。

〔岡山〕

(2) 次の各文の——線部は、すべて「連用修飾語」であるが、その中に一つだけ違《ちが》う品詞がある。その記号を答えなさい。

ア ふだんわれわれのあまり気づかぬ事柄《ことがら》に触《ふ》れている。
イ 人間はすべて自分の知恵《ちえ》と力でやってのけていると
ウ そして自らこれを利用するとかこれに順応するとかいう
エ 日本人は働きすぎてよほど疲《つか》れているにちがいない、
オ 生と死の循環《じゅんかん》が他のどんな季節より盛んに速かに行われる。
カ それがいかに夏の日々を充実《じゅうじつ》させてくれるかと讃《たた》えている。
キ 四季のうつろいの中に刻々と変わってゆく自然のいのちを
ク ふつうのこととしているのを見て、おそらく嘆息《たんそく》するしか

〔郁文館高〕

(3) 次の各文の——線の品詞を後から選び、記号で答えなさい。

① 彼《かれ》が何でその話をしたのか分からない。
② 私が着いた時、バスは既《すで》に出発してしまっていた。
③ 僕《ぼく》の荷物だけが少ない。
④ その文字は彼が書いた。
⑤ そこから見ると、のどかな春の田んぼが広がっていた。

ア 形容詞　イ 副詞　ウ 形容動詞　エ 名詞
オ 助詞　カ 連体詞　キ 助動詞　ク 動詞

①	②	③	④	⑤

〔多摩大目黒高〕

3 次の(1)～(3)の問いに答えなさい。

(1) 次の——線部から、悔《くや》しくてしょうがないの「悔しく」と品詞が同じものを一つ選び、記号で答えなさい。

ア　そとは、すごい星で、月もでていた。

イ　とうげの　くだりの　さかみちは、

ウ　豆太《まめた》は　なきなき　はしった。

エ　でも、だいすきな　じさまの　しんじまうほうが、

オ　もっと　こわかったから、

〔秋田〕

(2) 次の——線部から、太くどっしりとしたけやきの「太く」と品詞が同じものを、一つ選び、記号で答えなさい。

ア　彼女《かのじょ》は起き上がると、窓の方へゆっくり近づいていった。

イ　店のドアを開けると、聞き覚えのある音楽が流れていた。

ウ　ひまわりの花は、日光を浴びて輝《かがや》いているようにみえた。

エ　もぎたてのトマトときゅうりを、白い大皿に盛りつけた。

〔新潟〕

(3) 次の——線部から、他の動物に対する模擬《もぎ》さえ考えにいれるほどのの「さえ」と品詞が同じものを一つ選び、記号で答えなさい。

ア　かなりふしぎな状態だった。

イ　近道をしたらすぐ学校に着いた。

ウ　いつも失敗ばかりで悲しくなった。

エ　私にはしたいことがたくさんある。

〔十文字高〕

4 次の(1)～(4)の——線部から、品詞が異なるものを一つ選び、記号で答えなさい。なお(3)と(4)は、選んだ語の品詞名も答えること。

(1)

ア　あの若々《わかわか》しさ、

イ　息づきとにぎわい。

ウ　山すその道ばたには

エ　うれしい春の光景である。

〔千葉〕

(2)

ア　その宮廷《きゅうてい》をとりまく京の町に

イ　住むことであらゆる意味での優越《ゆうえつ》性が

ウ　都に住む人が、いわば郊外《こうがい》へのピクニックとして

エ　この歌はそんな境遇《きょうぐう》を想定しているのであるが、

〔和歌山〕

(3)

ア　ほめられないこととの区別です。

イ　一般《いっぱん》的に悪いことではないはずです。

ウ　「快」よりも大きいと感じられるからです。

エ　たいへん強い感情で、個人的な欲望の達成を

品詞名

〔愛媛〕

(4)

ア　安全だとわかってから飛び込《こ》みたい。

イ　出会わなければならなかった運命の姿が見えてくる。

ウ　人間も同じことだ。

エ　60パーセントとかの確率を生きる人間などいない。

品詞名

〔広島大附高〕

「ない」「れる・られる」「の」「で」の識別

ねらい
●「ない」「れる・られる」「の」「で」の意味・用法を押さえ、それぞれ、見分けられるようにしよう。

（　月　日）

チェックポイント 「ない」「れる・られる」「の」「で」

《1》 **ない**

(1) 打ち消しの助動詞（53ページ）
(2) 形容詞（28ページ）

識別法

(1) 「ない」を「ぬ」と言えたら → 助動詞
(2) 「ない」の直前に助詞（「は」や「も」など）があるか、入れることができたら → 形容詞

例
(1) 泣か**ない**。＝泣か**ぬ**。
(2) 美しく**ない**。＝美しく**は**ない。

《2》 **れる られる**

※助動詞「れる」「られる」の四つの意味（受け身・可能・自発・尊敬）を識別する。（48ページ）

識別法

(1) 「～に～される」なら → 受け身
(2) 「～(ことが)できる」と言えたら → 可能
(3) 「自然と～される」と言えたら → 自発
(4) 「お～になる」と言えたら → 尊敬

例
(1) 荒波《あらなみ》**に**もま**れる**。
(2) 五分で行か**れる**。＝五分で行く**ことができる**。
(3) 案じ**られる**。＝**自然と**心配**される**。
(4) 先生が話さ**れる**。＝先生が**お**話し**になる**。

---

1 **次の(1)・(2)の問いに答えなさい。**

(1) 各文の――線部のうち、品詞が異なるものを一つ選び、記号で答えなさい。

ア 使われる以前の段階では、限定されていない。
イ 場面や文脈などの影響《えいきょう》を受けない場合に限る。
ウ 完全に同一の状況《じょうきょう》や場面は考えられない。
エ 二つとして同一のものはない。

[　　]

〔兵庫〕

(2) まさか自分の部屋を忘れていないだろうねの「ない」について、意味・用法が同じものをA群から、品詞名をB群から一つずつ選び、記号で答えなさい。

〔A群〕
ア 両側とも壁《かべ》がないので荷物を入れにくい位置だ。
イ いつもの山の姿は西の空に見えない。
ウ 丼《どんぶり》の飯が以前の七分目ほどしかない。
エ 味噌汁《みそしる》の身の多い少ないが重大な問題になる。
オ 謂《いわ》れのない誤解を振《ふ》り払《はら》おうと声をたかめる。

〔B群〕 **ア** 動詞 **イ** 形容詞 **ウ** 形容動詞 **エ** 助詞 **オ** 助動詞

A	B

〔東京学芸大附高〕

《3》

の

※格助詞の四つのはたらき（連体修飾《しゅうしょく》語・主語・体言の代用・並立《へいりつ》）を識別する。60ページ

識別法

(1) 体言を修飾していたら → 連体修飾語
(2) 「の」を「が」と言えたら → 主語
(3) 「こと・もの」と言えたら → 体言の代用
(4) 「〜の〜の」の形から → 並立

例

(1) 私の本です。［体言（本）を修飾］
(2) 風**の**強い日。＝風**が**強い日。
(3) 新しい**の**が欲《ほ》しい。＝新しい**もの**が欲しい。
(4) なん**の**かん**の**という。

《4》

で

(1) 格助詞（60ページ）
(2) 接続助詞（60ページ）
(3) 断定の助動詞「だ」の連用形（50ページ）
(4) 形容動詞の連用形活用語尾（31ページ）

識別法

(1) 場所や理由などを表す体言があれば → 格助詞
(2) 動詞の音便《おんびん》（23ページ）があれば → 接続助詞
(3) 体言に続き、「〜な＋体言」が不自然なら → 助動詞
(4) 「〜な＋体言」が言えたら → 形容動詞

例

(1) 友達と駅**で**会う。［「駅」が場所を表す体言］
(2) 小鳥が飛ん**で**いる。［「飛ん」が撥《はつ》音便］
(3) 明日は休み**で**ある。［「休み**な日**〈な＋体言〉」と言えない］
(4) とても静か**で**ある。［「静か**な日**」と言える］

---

2 次から、呼びかけられてどきりとしたの「られ」と意味・用法が同じものを一つ選び、記号で答えなさい。

ア 故郷がなつかしく思い出される。
イ 春には美しい桜の花が見られるだろう。
ウ 道ばたにごみがたくさん捨てられていた。
エ 先生は本当にそう思われますか。

（長崎）

3 次から、建物うつりのよい格別の場所におさめるのものaとbの「の」と意味・用法が同じものをそれぞれ選び、記号で答えなさい。

ア 彼《かれ》の食べたのはパンです。
イ 彼女《かのじょ》の食べたのはご飯です。
ウ 彼の本は面白かった。
エ その本は面白かった。

a
b

（成城高）

4 次から、学校の準備で、今週はとても忙《いそが》しいの「で」と意味・用法が同じものを一つ選び、記号で答えなさい。

ア 教室はとても静かで、物音ひとつしない。
イ 暖かさで、桜のつぼみがふくらんできた。
ウ 弟は小学校で、キャプテンをしている。
エ 新聞を読んで、散歩に出かけるのが父の日課だ。

（栃木）

31

⑤ 同形語の識別

「に」「さえ」「ながら」「ばかり」の識別

〔　月　日〕

ねらい
●「に」「さえ」「ながら」「ばかり」の意味・用法を押さえ、それぞれ、見分けられるようにしよう。

チェックポイント 「に」「さえ」「ながら」「ばかり」

《5》 **に**

(1) 格助詞(60ページ)
(2) 助動詞「そうだ」の連用形活用語尾(50ページ)
(3) 助動詞「ようだ」の連用形活用語尾(51ページ)
(4) 形容動詞の連用形活用語尾(31ページ)
(5) 副詞(「すでに・さらに」など)の一部(36ページ)

識別法

(1) 場所や時間などを表す体言があれば → 格助詞
(2) 「そうに」を「そうだ」と言えたら → 様態の助動詞
(3) 「ように」を「ようだ」と言えたら → 推定の助動詞
(4) 「～な＋体言」が言えたら → 形容動詞
(5) 「に」が切り離《はな》せなかったら → 副詞

例

(1) 学校に行く。〔「学校」が場所を表す体言〕
(2) 楽しそうに歌う。〔「楽しそうだ」と言える〕
(3) 冬のように寒い。〔「冬のようだ」と言える〕
(4) 静かに過ごす。〔「静かな日」と言える〕
(5) ただちに終わる。〔「ただち終わる」と言えない〕

《6》 **さえ**

※副助詞の三つのはたらき(他を類推・限定・添加《てんか》)を識別する(61ページ)

識別法

(1) 「も(でも)」か「すら」と言えたら → 他を類推
(2) 「さえ～ば」と下に「ば」があれば → 限定
(3) 「そのうえ」が補えたら → 添加

1 次の(1)・(2)の問いに答えなさい。

(1) 次から、今日はいつもより早く学校に向かったの「に」と意味・用法が同じものを一つ選び、記号で答えなさい。

ア 彼女《かのじょ》はうれしそうに笑った。
イ 宿題はすでに終わっている。
ウ 花壇《かだん》の花がきれいに咲《さ》いた。
エ 転校した友人に手紙を書く。

〔神奈川〕

(2) 次から、私は、美しい絵画に見とれていたの「に」と意味・用法が同じものを一つ選び、記号で答えなさい。

ア 彼《かれ》は部屋をきれいに片付けた。
イ その花は雪のように白かった。
ウ 彼女が乗ったバスはすでに出発した。
エ 彼は最新の科学技術に触《ふ》れた。

〔高知〕

2 次から、築いてゆけるかにかかっているとさえいえようの「さえ」と意味・用法が同じものを一つ選び、記号で答えなさい。

ア 風だけでなく雨さえ降ってきた。

例

(1) 犬さえ知っている。＝犬も知っている。

(2) 入賞さえすればいい。［「さえ〜ば」の形］

(3) せきがひどいのに、熱さえ出てきた。
＝そのうえ熱さえ出てきた。

《7》 ながら

(1) 逆接の接続助詞（60ページ）

(2) 同時の接続助詞（60ページ）

(3) 名詞・副詞＋ながら（接尾語）

識別法

(1) 「しかし」が補えたら → 逆接

(2) 「同時に」が補えたら → 同時

(3) 「しかし」「同時に」が補えなかったら → 接尾語

例

(1) 雨ながら決行する。＝雨ながらしかし決行する。

(2) 笑いながら話す。＝笑いながら同時に話す。

(3) いつもながらのことだ。［〜のまま・〜の通り］
兄弟三人ながら足が速い。［そろって・全部］

《8》 ばかり

※副助詞の四つのはたらき（限定・程度・完了《かんりょう》して間もない・今にもしようとする）を識別する。（61ページ）

識別法

(1) 「だけ」と言えたら → 限定

(2) 「ほど」と言えたら → 程度

(3) 「たった今」が補えたら → 間もない状態

(4) 「今にも」が補えたら → 今にもしようとする

例

(1) テレビばかり見ている。＝テレビだけ見ている。

(2) 二時間ばかりいない。＝二時間ほどいない。

(3) 行ったばかりだ。＝たった今行ったばかりだ。

(4) 出発するばかりだ。＝今にも出発するばかりだ。

イ わたしは、君さえいれば安心だ。

ウ 彼は後ろを見ようとさえしない。

エ 落ち着きさえすれば大丈夫《だいじょうぶ》だよ。

［大阪］

3 次から、海生《かいせい》（人名）は風を見ながら、慎重《しんちょう》に舵《かじ》を切ったの「ながら」と意味・用法が同じものを一つ選び、記号で答えなさい。

ア 子どもながら厳しい試練によく耐《た》えた。

イ 公園の中を散歩しながらお話ししましょう。

ウ 昔ながらの町並みを保存するたたずまい。

エ 及《およ》ばずながら私もその企画《きかく》に協力します。

［大分］

4 次の①・②の「ばかり」と意味・用法が同じものを次から一つずつ選び、記号で答えなさい。

① 生きているかのように目を開閉するばかりではなく時には赤子のような声を発したりするので、

② 一人娘《むすめ》を三つで死なせたばかりで、いささか気弱になっていたものの、

ア この議論はから回りするばかりだ。

イ あの小道を五分ばかり行くと彼の家がある。

ウ 泣かんばかりに許しを請《こ》う彼女。

エ 彼は中学校を卒業したばかりだ。

①
②

［慶応義塾高］

32

⑤ 同形語の識別

「から」「ある」「らしい」「な」「そうだ」の識別

ねらい

● 「から」「ある」「らしい」「な」「そうだ」の意味・用法を押さえ、それぞれ、見分けられるようにしよう。

〔　月　日〕

チェックポイント 「から」「ある」「らしい」「な」「そうだ」

《9》 **から**

(1) 格助詞(60ページ)
(2) 順接の接続助詞(60ページ)

識別法
(1) 起点・材料や手段・原因や理由を表せば→格助詞
(2) 「ので」と言えたら→接続助詞

例
(1) 学校**から**帰って来る。[「から」は起点を表す]
(2) 寒い**から**厚着する＝寒い**ので**厚着する。

《10》 **ある**

(1) 連体詞(38ページ)
(2) 動詞(20ページ)
(3) 補助動詞(26ページ)

識別法
(1) 活用がなく、「あった」と言えなければ→連体詞
(2)(3) 「あった」と言えて
- 「が」「に」などに続けば→動詞
- 「〜て(で)ある」なら→補助動詞

例
(1) **ある**日のことだった。[「あった日」と言えない]
(2) 学校にプールが**ある**。
(3) 本が置いて**ある**。

《11》 **らしい**

(1) 推定の助動詞(52ページ)
(2) 形容詞の接尾語(28ページ)

識別法
(1) 「どうやら」が補えたら→助動詞
(2) 「いかにも」が補えたら→形容詞

例
(1) こちらに来るのは弟**らしい**。＝**どうやら**弟**らしい**。
(2) 先輩《せんぱい》**らしい**振《ふ》る舞《ま》いだ。＝**いかにも**先輩**らしい**。

---

1 **次の「から」のうち、意味・用法が異なるものを一つ選び、記号で答えなさい。**

ア 人が精神の緊張《きんちょう》状態から解放される時に、
イ 最も純度の高いかたちで開放感にひたれるからのことで、
ウ 自分たちから遠い、切実でない話、になってしまうのです。
エ この段などからうかがえるのではないかと思われます。

〔国立工業・商船・電波高専〕

2 **次から、能力があるの「ある」と意味・用法が同じものを一つ選び、記号で答えなさい。**

ア ある人物の本だ。　イ 大変、静かである。
ウ 教室に飾《かざ》ってある花。　エ 本店は東京にある。

〔長野〕

3 **次から、眠《ねむ》っているらしいの「らしい」と意味・用法が同じものを一つ選び、記号で答えなさい。**

ア とてもかわいらしい小鳥
イ どことなく母親似らしい娘《むすめ》
ウ 何となくわざとらしい態度
エ いかにも子どもらしいしぐさ

〔長崎〕

《12》

な

(1) 形容動詞の連体形活用語尾（31ページ）
(2) 連体詞の一部（39ページ）
(3) 助動詞「そうだ」の連体形活用語尾（50ページ）
(4) 助動詞「ようだ」の連体形活用語尾（51ページ）
(5) 助動詞「だ」の連体形（50ページ）
(6) 終助詞（61ページ）

識別法

(1) 「〜だ・〜に・〜で」と言えたら→形容動詞
(2) 「〜だ」と活用しなければ→連体詞
(3) 「そうだ」と言えて、様態を表せば→様態の助動詞
(4) 「ようだ」と言えて、推定を表せば→推定の助動詞
(5) 体言や「の」に続き、断定を表せば→断定の助動詞
(6) 文末にあって、禁止や命令を表せば→助詞

例

(1) 静かな夜だ。［静かだ・静かに・静かで、と言える］
(2) 大きな木。［「大きだ」とは言えない］
(3) うれしそうな顔。＝うれしそうだ。
(4) 体が浮《う》くような感覚。＝浮くようだ。
(5) すでに冬なのだ。［「冬＋な」で「冬だ」と断定］
(6) 友達に言うな。［文末の「な」で禁止］

※助動詞の二つの意味の違《ちが》いを識別する。伝聞の助動詞（51ページ）・様態の助動詞（50ページ）

《13》

そうだ

識別法

(1) 活用語の終止形＋「そうだ」なら→伝聞の助動詞
(2) 動詞連用形／形容詞・形容動詞語幹 ＋「そうだ」なら→様態の助動詞

例

(1) 雨が降るそうだ。［「降る」が終止形だから伝聞］
(2) 雨が降りそうだ。［「降り」が連用形だから推定］

---

4 次から、大きな喜びがあるの「な」と意味・用法が同じものを一つ選び、記号で答えなさい。

ア まるで夢のような出来事だった。
イ この積み木にはいろんな形がある。
ウ ここは山間のとても静かな町だ。
エ 「ボールを投げるな。」と注意した。

［　　］〔鳥取〕

5 次から、彼女《かのじょ》はとても悲しそうだの「そうだ」と意味・用法が同じものを一つ選び、記号で答えなさい。

ア 台風の影響《えいきょう》で、激しい雨が降るそうだ。
イ 今度の試合では、僕《ぼく》たちが勝てそうだ。
ウ 飛行機の到着《とうちゃく》は、一時間遅《おく》れるそうだ。
エ ノルウェーの冬は、かなり寒いそうだ。

［　　］〔栃木〕

6 次から、それはほとんどありそうにないことではあるけれどもの「そうに」と意味・用法が同じものを一つ選び、記号で答えなさい。

ア そうだ、君に本を借りたままだよ。
イ 午後から雨になるそうだ。
ウ もちろんそうではない。
エ 私もそうだと思います。
オ 時間がかかりそうである。

〔大阪教育大附高〕［　　］

33

⑤ 同形語の識別

「が」「だ」「う・よう」「れ」の識別

ねらい

● 「が」「だ」「う・よう」「れ」の意味・用法を押さえ、それぞれ、見分けられるようにしよう。

〔　月　日〕

チェックポイント　「が」「だ」「う・よう」「れ」

《14》 **が**

(1) 格助詞(60ページ)
(2) 接続助詞(60ページ)
(3) 接続詞(41ページ)

識別法

(1) 主語や対象を表していれば → 格助詞
(2) 「終止形＋が」で、逆接や単純な接続なら → 接続助詞
(3) 自立語で、文の最初にあれば → 接続詞

例

(1) 犬**が**好きだ。(「犬が」が主語)
(2) 見た**が**見えなかった。(「た」は助動詞の終止形)
(3) 失敗した。**が**、あきらめない。(「が」は文頭)

《15》 **だ**

(1) 断定の助動詞の終止形(50ページ)
(2) 過去の助動詞「た」の濁音《だくおん》化(54ページ)
(3) 形容動詞の終止形活用語尾(31ページ)
(4) 助動詞「ようだ」「そうだ」の一部(50・51ページ)

識別法

(1) 「体言・の＋だ」なら → 断定の助動詞
(2) 「〜ん・〜い＋だ」なら → 過去の助動詞
(3) 「〜な＋体言」と言えたら → 形容動詞
(4) 「ようだ」「そうだ」なら → 助動詞「ようだ」「そうだ」

例

(1) 弟は小学生**だ**。[「小学生」が体言]
(2) 鳥が飛ん**だ**。[「飛ん」は「飛び」の撥音便《はつおんびん》]

1 次の各文の――線部について、後の㋐・㋑それぞれの条件に当てはまるものをすべて選び、記号で答えなさい。ただし、答えが重複して入る場合もある。

(1) たいていは辛抱《しんぼう》できる。が[a]、実際の競技はなんとも酷《こく》な仕組みになっている。
(2) トーナメントが[b]その典型なのだが[c]、勝つのはたった一人の競技者、たった一つのチームだけだからだ。

㋐ 付属語である。　㋑ 逆接を表す。

〔久留米大附設高〕

㋐ ㋑

2 次から、真剣《しんけん》に走るのは二年ぶりだの「だ」と意味・用法が同じものを一つ選び、記号で答えなさい。

ア 大声で叫《さけ》んだ。
イ 明日は晴れそうだ。
ウ 今日は日曜日だ。
エ 夕焼けがきれいだ。

〔三重〕

(3) 花がきれい**だ**。［「きれいな花」と言える］
(4) 台風が来るそう**だ**。［「そうだ」で一語］

(1) 推量の助動詞（52ページ）
(2) 意志の助動詞（52ページ）
(3) 助動詞「ようだ」の一部（51ページ）

《16》

う・よう

識別法

(1)「きっと～う・よう」が言えたら→推量の助動詞
(2)「ぜひ～う・よう」が言えたら→意志の助動詞
(3)「ようだ」なら→推定・たとえの助動詞

例

(1) 彼《かれ》は来るだろ**う**。＝**きっと**来るだろ**う**。
(2) ラーメンを食べ**よう**。＝**ぜひ**食べ**よう**。
(3) 明るくて昼の**ようだ**。［「ようだ」で助動詞］

《17》

れ

※助動詞「れる」の未然形・連用形「れ」の四つの意味（受け身・可能・自発・尊敬）を識別する。（48ページ）

識別法

(1)「～に～される」なら→受け身
(2)「～(ことが)できる」と言えたら→可能
(3)「自然と～される」と言えたら→自発
(4)「お～になる」と言えたら→尊敬

例

(1) 母に笑わ**れ**た。［「～に～れ」の形］
(2) 歩いて行か**れ**た。＝行く**ことができ**た。
(3) 思い出さ**れ**ます。＝**自然と**思い出さ**れます**。
(4) 先生が笑わ**れ**た。＝**お**笑い**になっ**た。

---

3 **次から、懸命《けんめい》に走ろうの「う」と意味・用法が異なるものを一つ選び、記号で答えなさい。**

ア ペダルをこいで前に進もうとした。
イ なんとかして乗ろうとしている。
ウ 時間にすればほんの一瞬《いっしゅん》のことだったろう。
エ 今度こそ駆《か》け寄ろうとした。

〔鳥取〕

4 **次から、自己物語の世界から脱《だっ》しようという動きが出始めるの「よう」と意味・用法が同じものを一つ選び、記号で答えなさい。**

ア 早く帰りたいようだ。
イ 出会いの時が来よう。
ウ 映画を見ようと思う。
エ 雲の形が羊のようだ。

〔香川〕

5 **次から、ずっと使われてきた言葉であるの「れ」と同じ意味・用法で使われている助動詞が含《ふく》まれている文を一つ選び、記号で答えなさい。**

ア 友人に、誤っている言葉づかいを注意された。
イ わたしの家から図書館まで、歩いて五分で行かれた。
ウ このことはわたしにとって、よい経験だと思われた。
エ 授業が終わって、先生が職員室に戻《もど》られた。

〔埼玉〕

入試問題で力だめし ⑦

1 **次の(1)・(2)の問いに答えなさい。**

(1) 次から、何もない空間のことだの「ない」と意味・用法が同じものを一つ選び、記号で答えなさい。

ア 予想もしないことが突然《とつぜん》起こった。
イ 今日は野球の練習がない日だ。
ウ やらなければならない仕事がある。
エ ずっと変わらないものがある。

〔三重〕

(2) 次の各文の——線部から、意味・用法が異なるものを一つ選び、記号で答えなさい。

ア はっきりした態度は見せなかったが、
イ 用事ができたので、いつにない早い帰宅だそうだ。
ウ おまえも負けずにしなくたんね(しなければ)
エ さっきとちがって、だれも手をあげていない。
オ 東京の子にムチュウにならない者があってもいい

〔洛南高〕

2 **次の(1)・(2)の問いに答えなさい。**

(1) 次から、大進化が起こった現象と呼ばれる劇的なドラマの「れる」と意味・用法が同じものを一つ選び、記号で答えなさい。

ア 思い出される出来事は楽しかったことばかりだ。
イ 以前買った服でまだ着られるものが数多くある。
ウ 後輩《こうはい》から慕《した》われる先輩となるように努める。
エ 来週の朝礼では校長先生が話される予定だ。

〔群馬〕

(2) 次の——線部の二つの助動詞の意味として適当なものを後から選び、それぞれ記号で答えなさい。

① 茅《かや》(人名)はすでに死病に取りつかれて市の病院にいたが、
② 一緒《いっしょ》に焼けて消滅《しょうめつ》したにちがいないと思われたが、

ア 受身　イ 尊敬　ウ 自発　エ 可能

①　②

〔慶応義塾高〕

3 **次の各文の——線部から、意味・用法が異なるものを一つ選び、記号で答えなさい。**

ア 面会時間の過ぎたあとも病室で父を待つ日もあった。
イ それでも、行きのバスで回数券は一枚ずつ減っていく。
ウ 毎月のお小遣《づか》いは千円だから、あとしばらくは
エ 迎《むか》えに来てくれるはずの父から電話が入った。

〔和歌山〕

4 **次から、案内された部屋は静かで広かったの「で」と同じ意味・用法を含《ふく》む文を一つ選び、記号で答えなさい。**

ア 遠足は雨で中止された。
イ 用紙はボールペンで記入する。
ウ あの人は親切で優しい人だ。
エ 映画は三時で終わると聞いた。

〔高知〕

5 次から、この瞬間《しゅんかん》に愛が生まれるということですの「に」と同じ意味・用法の「に」を含むものを一つ選び、記号で答えなさい。

ア　さらにまたお若い年代にいくと、
イ　だんだん芽が張ってくるようなそういう季節に、
ウ　待ち遠しさってものが、自然に足をこういうふうにさせる。
エ　今さらのように新鮮《しんせん》な感動でした。

〔都立両国高〕

6 次の各文の――線部から、意味・用法が異なるものを一つ選び、記号で答えなさい。

ア　休まずに練習さえすれば上達するだろう。
イ　時間さえあればきっと解決できると思います。
ウ　壊されてさえいなければ汚れは気になりません。
エ　雨足が強まっただけではなく雷さえ鳴り出した。

〔都立産業技術高専〕

7 次から、汗をかきながら歩いているとの「ながら」と意味・用法が同じものを一つ選び、記号で答えなさい。

ア　気を付けていながら失敗した。
イ　歌を口ずさみながら散歩した。
ウ　ささやかながら送別会を開いた。
エ　狭《せま》いながらも住み心地がよかった。

〔新潟〕

8 次から、男ばかりの兄弟で育った諒《りょう》（人名）にはの「ばかり」と意味・用法が同じものを一つ選び、記号で答えなさい。

ア　泣かんばかりの顔をしている。
イ　友達のことばかり考えている。
ウ　二週間ばかり旅行に出かける。
エ　食事を今すませたばかりである。
オ　目を奪うばかりの豪華さである。

〔東京学芸大附高〕

9 次の⑴・⑵の問いに答えなさい。

⑴　次の――線部の二つの助動詞の意味として適当なものを後から選び、それぞれ記号で答えなさい。

①　安田さんはキンセンカなどの花を作っているそうだ。
②　安田さんはほんとうに、不思議そうな口調で言うのである。

ア　様態　イ　丁寧《ていねい》　ウ　断定　エ　伝聞

〔長野〕

⑵　次から、①たしかに郭公《かっこう》らしい声をきいたの「らしい」、②化《け》粧柳《しょうやなぎ》というのだそうだの「そうだ」と同じ意味・用法のものをそれぞれ一つずつ選び、記号で答えなさい。

①　ア　子供らしい純粋さ。　イ　明日は雨らしい。
　　ウ　目つきがいやらしい。
②　ア　病気で死にそうだ。　イ　旅行するそうだ。
　　ウ　それもそうだ。

〔慶応義塾高〕

34 実戦模擬テスト ①

1 次の文章を読んで、後の問いに答えなさい。

わたしの母方の祖母が、やっぱりわたしの父の家に①いた。そのひとは、もうそのとき、七十ぐらいだったのであろう。おばあさんは、わたしがそのへやへ遊びに行くと、よくいろいろなことをたずねる。耳が遠いので、みなは、あまりよく話相手にならⓐないが、わたしは、おばあさんがきらいではⓑなかった。おばあさんは、わたしをⓒしんせつな子だとⓓそののちも、生きているあいだは、ずっとⓔそういってくれたが、ⓕそれは、わたしがそのころ、いやがらずに、おばあさんの話相手に②なったからであろう。おばあさんは、よく思いもよらないことを聞くのだ。

（佐藤春夫《さとうはるお》「実《みのる》さんの胡弓《こきゅう》」）

問一 ——線部①の主語を、文中から一文節で抜《ぬ》き出しなさい。

問二 ——線部ⓐ～ⓕの品詞として適当なものを次から選び、記号で答えなさい。

ア 動詞　**イ** 形容詞　**ウ** 形容動詞　**エ** 名詞　**オ** 副詞
カ 連体詞　**キ** 接続詞　**ク** 感動詞　**ケ** 助動詞　**コ** 助詞

ⓐ	ⓑ	ⓒ	ⓓ	ⓔ	ⓕ

問三 例にならって、——線部②を単語に区切りなさい。

例　わたし＜の＜母方＜の＜祖母＜が、

なったからであろう。

---

2 次の文章を読んで、後の問いに答えなさい。

頭のいい人には、他人の仕事のあらが眼《め》につきやすい。その結果として、①自然に他人のすることが愚《おろ》かに見え、したがって自分がだれよりも賢《かしこ》いというような錯覚《さっかく》に陥《おちい》りやすい。そうなると自然の結果として、自分の向上心にゆるみが出て、やがてその人の進歩が②止まってしまう。頭の悪い人には、他人の仕事がたいていみんな立派に見えると同時に、またえらい人の仕事でも自分にもでき③そうな気がするので、おのずから自分の向上心を刺激《しげき》されるということもあるのである。

（寺田寅彦《てらだとらひこ》「科学者とあたま」）

問一 例にならって、——線部①を単語に区切り、品詞名も答えなさい。

例

頭	の	いい	人
名詞	助詞	形容詞	名詞

自然に他人のすることが愚かに見え

問二 ——線部②の文節の関係として適当なものを次から選び、記号で答えなさい。

ア 主語・述語の関係　**イ** 修飾《しゅうしょく》・被《ひ》修飾の関係
ウ 並立《へいりつ》の関係　**エ** 補助の関係

問三 ——線部③と異なる意味・用法を次から選び、記号で答えなさい。

ア 花が咲《さ》きそうだ。　**イ** 夜は静かだそうだ。
ウ 雨が降りそうだ。　**エ** いまにも飛びそうだ。

3 次の文章を読んで、後の問いに答えなさい。

西《にし》の京《きょう》の駅を出て、薬師寺《やくしじ》の方へ折れ①ようとする取っ付き《いちばん手前》に、小さな切符《きっぷ》売場を兼《か》ねて、古瓦《ふるがわら》のかけらなどを店さきに並べた、わびしい骨董店《こっとうてん》がある。②いつも通りすがりに、ちょっと気になって、その中をのぞいて見るのだⓐが、まだ一ぺんも入って見たことⓑがなかった。ⓒが、今日その店の中に日ⓓが明るく差し込んでいるのを見ると、ふいとその中に入ってみる気になった。何か埴輪《はにわ》の土偶《どぐう》のようなものでも③あったら欲《ほ》しいと思ったのだが、そんなものでなくとも、なんでもよかった。ただふいと何か仕事の手がかりになりそうなものが、そんな店のがらくたの中にころがっていはすまいかという④空《そら》頼《だの》みもあったのだ。

（堀辰雄《ほりたつお》「十月」）

問一 ――線部①の意味・用法と同じものを次から一つ選び、記号で答えなさい。

ア 冬はとても寒いようだ。 **イ** やがて富士山《ふじさん》が見えよう。
ウ がんばって勉強しよう。 **エ** まるで鉄のようだ。

問二 ――線部②が係っている一文節を抜《ぬ》き出しなさい。

問三 ――線部ⓐ〜ⓓのうち、品詞が異なるものを一つ選び、記号で答えなさい。

問四 ――線部③から形容詞を抜き出しなさい。

問五 ――線部④から動詞を抜き出し、その活用の種類と活用形も答えなさい。

動詞	活用の種類	活用形

4 次の文章を読んで、後の問いに答えなさい。

①あくる日には、マベルは、うれしくてうれしくて、朝からⓐ立ったり、ⓑ座ったり、ⓒ歩きだしたりⓓして、そわそわそわそわしていました。みんなに食べさすごちそうは、おばあちゃまがちゃんと考えて、これはだれの、これはだれにやるのと、いちいちマベルに教えて、朝のうちに用意しておいて②くださいました。

お昼がすむと、マベルはお顔やお手々を洗って、すっかり着がえをしました。髪《かみ》はおばあちゃまが後ろで二筋《ふたすじ》に組んでくださいました。

そして右の前横のところへ、ばら③のつぼみを一輪さしてくださいました。着物は、背中をひもでとめた、軽い空色の絹の、マベルのいちばんいい、そしていちばん大好きな着物でした。

（鈴木三重吉《すずきみえきち》「おたんじょう日」）

問一 ――線部①と品詞が異なるものを次から一つ選び、記号で答えなさい。

ア わが国 **イ** いかなる理由
ウ どの木 **エ** こちらの本

問二 ――線部ⓐからⓓのうち、活用の種類が異なるものを一つ選び、記号で答えなさい。

問三 ――線部②を、敬語のない表現に直しなさい。

問四 ――線部③と意味・用法が同じものを次から一つ選び、記号で答えなさい。

ア 私の自転車。 **イ** 雪の降った朝。
ウ 古いのを捨てる。 **エ** 死ぬの生きるの。

35 実戦模擬テスト ②

1 次の文章を読んで、後の問いに答えなさい。

ⓐ大きな問題が一つある。子供の時からの疑問なのだが、成人になっても老人になりかかってもいまだに納得できないことに変わりはない。それは、だれもがいっこうに怪《あや》しもうとしない事柄《ことがら》だ。邪《じゃ》が栄えて正が虐《しいた》げられるという、ありきたりの事実についてである。この事実にぶつかるごとに、子路《しろ》（人名）は心からの悲憤《ひふん》を①発しないではいられない。なぜだ？　ⓑなぜそうなのだ？　悪は一時栄えても結局はその②報《むく》いを受けると人は言う。ⓒなるほどそういう例もあるかも知れぬ。しかし、それも人間というものが結局は破滅《はめつ》に終わるという一般《いっぱん》的な場合の一例なのではないか。善人が究極の勝利を得たなどというためしは、遠い昔は知らず、今の世ではⓓほとんど聞いたこと③さえない。

（中島敦《なかじまあつし》「弟子《てし》」）

問一　══線部ⓐからⓓのうち、品詞が異なるものを一つ選び、記号で答えなさい。　□

問二　──線部①はいくつの単語に区切れるか。その数を漢数字で答え、さらに五番目の単語を抜《ぬ》き出しなさい。　□つ　五番目□

問三　──線部②の品詞名を答えなさい。　□

問四　──線部③の意味・用法と同じものを次から一つ選び、記号で答えなさい。　□

ア　元気でさえいればいい。　**イ**　風が吹《ふ》き雨さえ降ってきた。

ウ　小学生さえ知っている。　**エ**　これさえあれば鬼《おに》に金棒だ。

2 次の文章を読んで、後の問いに答えなさい。

①僕《ぼく》は、春の日ののどかな光が油のような海面に解《と》けほとんど漣《さざなみ》も立たぬ中を、船の船首が心地よい音をさせて水を切って進行するにつれて、霞《かすみ》たなびく島々を迎《むか》えては送り、右舷《うげん》左舷の景色を眺《なが》めていた。菜の花と麦の青葉とで錦《にしき》を敷《し》いたような島々が、まるで霞の奥《おく》に浮《う》いているように見える。そのうち船がある小さな島を右舷に見て、その磯《いそ》から十町とは離《はな》れないところを通るので、僕は欄《らん》（手すり）に寄り、なにげなくその島を眺めていた。山の根がたの彼処此処《かしこここ》に背の低い松が小杜《もり》を作っているばかりで、見たところ畑もⓐなくⓑ家らしいものも見えⓒない。しんとしてさびしい磯のひき潮のあとが日に光って、小さな波が水際《みぎわ》を②もてあそんでいるⓓらしく、長いすじが白刃《しらは》のように光っては消えている。

（国木田独歩《くにきだどっぽ》「忘れえぬ人々」）

問一　──線部①が係っている二文節を抜き出しなさい。　□

問二　══線部ⓐからⓓについて説明した次の文の□に、適当な言葉を入れなさい。ただし、□は一字分とする。

ⓐの「なく」の品詞は i □□□ で、ⓒの品詞は ii □□□ である。ⓑの「らしい」は iii □□□ を作る接尾語で、「家らしい」で一語の単語になり、ⓓの品詞は iv □□□ である。

問三　──線部②から助詞を抜き出し、その種類も答えなさい。　□　種類□助詞

3 次の文章を読んで、後の問いに答えなさい。

そのころ、私の結婚《けっこん》の話も、一頓挫《いちとんざ》（進まなくなること）のかたちであった。私のふるさとからは、全然、助力が来ないということが、はっきり分かってきたので、私は困ってしまった。（中略）①助力してもらえるだろうと、虫のいい、ひとりぎめして、それでもって、ささやかでも、厳粛《げんしゅく》な結婚式をⓐ挙げ、あとの、世帯を持つにあたっての費用は、私の仕事でかせいで、しようとⓑ思っていた。けれども、二、三の手紙の往復により、うちから助力は、まったくないということが明らかになって、私は途方《とほう》にⓒくれていたのである。このうえは、②縁談ことわられても仕方がない、と覚悟《かくご》をⓓ決め、とにかく先方へ、事の次第《しだい》を洗いざらい言ってみよう、と私は単身、峠《とうげ》を下り、甲府《こうふ》の娘《むすめ》さんのお家《うち》へ③おうかがいした。

（太宰治《だざいおさむ》「富嶽百景《ふがくひゃっけい》」）

問一 ——線部①を文節に区切るとどうなるか。適当なものを次から一つ選び、記号で答えなさい。

ア 助力／して／もらえる／だろう
イ 助力して／もらえる／だろう
ウ 助力して／もらえるだろう
エ 助力／して／もらえるだろう

問二 ‖線部ⓐからⓓのうち、活用の種類が異なるものを一つ選び、記号で答えなさい。

問三 ——線部②の中の「れ」と意味・用法が同じものを次から一つ選び、記号で答えなさい。

ア 10キロ走れた。　**イ** 先生に注意された。
ウ ふと思い出された。　**エ** 先生が来られた。

問四 ——線部③を、敬語のない表現に直しなさい。

4 次の文章を読んで、後の問いに答えなさい。

そのうち三郎《さぶろう》は向こうの玄関《げんかん》の前まで行ってしまうと、こっちへ向いてしばらく暗算をするように少し首を①まげて立っていました。

みんなはやはりきょろきょろそっちを見ています。三郎は少し困ったように両手を後ろへ組むと向こう側の左手の方へ職員室の前を通って歩き出しました。

その時風がざあっと吹《ふ》いて来て土手の草はⓐざわざわ波になり、運動場のまん中でⓑさあっと塵《ちり》があがり、それが玄関の前まで行くとⓒきりきりと回って小さなつむじ風になって、黄いろな塵は瓶《びん》をⓓさかさまにしたような形になって屋根より高く②のぼりました。

（宮沢賢治《みやざわけんじ》「風《かぜ》の又三郎《またさぶろう》」）

問一 例にならって、——線部①を単語に区切り、品詞名と活用がある語は活用形も答えなさい。

例	名詞	助詞	名詞	助詞	動詞 終止形	助詞
	両手	を	後ろ	へ	組む	と

ま げ て 立 っ て い ま し た。

問二 ‖線部ⓐからⓓのうち、品詞が異なるものを一つ選び、記号で答えなさい。

問三 ——線部②の主語（主部）として適当なものを次から一つ選び、記号で答えなさい。

ア 小さなつむじ風になって
イ 黄いろな塵は
ウ 瓶をさかさまにしたような形になって
エ 屋根より高く

36 実戦模擬テスト ③

1 **次の文章を読んで、後の問いに答えなさい。**

さらに新しい所から玄人《くろうと》と素人《しろうと》を比較《ひかく》して見ようと思う。ⓐあるものを観察する場合に、まず第一にわが眼《め》に入るのはその輪郭《りんかく》ⓑである。次にはその局部である。次には局部のまた局部である。①観察や研究の時間が長ければ長いほど、だんだん細かい所が眼に入って来る、ますます小さい点に気がついて来る。それはすべての物に対する我《われ》我《われ》の態度ⓒであって、②ほとんど例外を許さないほど、応用の広い自然の順序と見ても差し支えない。だから芸術の研究もまたこの階段を追って進んⓓで行くに違《ちが》いない。③いわゆる玄人というものは、この道を素人より先へ通り越《こ》したものである。そうしてそこに彼等《かれら》の自負が潜《ひそ》んでいるらしい。

（夏目漱石《なつめそうせき》「素人と玄人」）

問一 ══線部ⓐからⓓの品詞として適当なものを次から選び、記号で答えなさい。

ア 動詞　**イ** 連体詞
ウ 助動詞　**エ** 助詞

ⓐ　ⓑ　ⓒ　ⓓ

問二 ──線部①の文節の関係として適当なものを次から一つ選び、記号で答えなさい。

ア 主語・述語の関係　**イ** 修飾《しゅうしょく》・被《ひ》修飾の関係
ウ 並立《へいりつ》の関係　**エ** 補助の関係

問三 ──線部②が係っている文節を、一文節で抜《ぬ》き出しなさい。

問四 ──線部③の品詞として適当なものを次から一つ選び、記号で答えなさい。

ア 名詞　**イ** 副詞　**ウ** 連体詞　**エ** 接続詞

---

2 **次の文章を読んで、後の問いに答えなさい。**

洗面器の①なかに落ち込《こ》んでいるのはかなぶんぶんどころか、百足《むかで》の、しかもずいぶん大きな奴《やつ》であった。

私は大声で隣室《りんしつ》の妻を呼んⓐだ。妻は声でそれを察して起き上がるなり叩《たた》く物を持ってやって来た。

「どこ②ですか？」百足は速いから一刻を争うのである。

妻は外へはい出した瞬間《しゅんかん》を打とうときめたらしい。私もそのつもりで③気をつけて見ていた。と、私達は奇妙《きみょう》な発見をした。百足はその長い二本の触覚《しょっかく》を真っ直ぐに伸《の》ばして、狭《せま》い洗面器のなかをしきりにぐるぐる回っているのⓑだが、なかなか外へ出ようとはしない、──いや、出られぬのである。

（島木健作《しまきけんさく》「むかで」）

問一 ──線部①の文の成分として適当なものを次から一つ選び、記号で答えなさい。

ア 主語　**イ** 述語　**ウ** 連体修飾語
エ 連用修飾語　**オ** 接続語　**カ** 独立語

問二 ──線部②の敬語の種類として適当なものを次から選び、記号で答えなさい。

ア 尊敬語　**イ** 謙譲語《けんじょうご》　**ウ** 丁寧語《ていねいご》

問三 ──線部③から、動詞をすべて抜き出しなさい。

問四 ══線部ⓐ・ⓑの助動詞の意味として適当なものを次からそれぞれ一つずつ選び、記号で答えなさい。

ア 断定　**イ** 可能　**ウ** 意志　**エ** 過去

ⓐ　ⓑ

3 次の文章を読んで、後の問いに答えなさい。

現実というとき、まず考えⓐられるのは我々の生活である。この現実を顧《かえり》みて知られることは、我々が世界の中で生活しているということである。我々がそこにいて、①そこで働くこの世界は、環境《かんきょう》と呼ばⓑれている。環境というと普通《ふつう》にⓒまず自然が考えられるが、自然のみでなく社会もⓓまた我々の環境である。ⓔむしろ我々がそこにある世界は何よりも世の中ⓕあるいは世間である。「世界」という言葉はもとは自然的対象界でなく人間の世界を②意味した。環境は我々に近いものであるとすれば、人間にとって人間よりも近いものはなく、環境は我々に遠いものであるとすれば、人間にとって人間よりも遠いものはない。

（三《み》木《き》清《きよし》「哲学《てつがく》入門」）

問一 ══線部ⓐ・ⓑと意味・用法が同じものを次からそれぞれ一つずつ選び記号で答えなさい。

ア 病気の祖父のことが案じられる。
イ 友達にゲームをしようと誘《さそ》われた。
ウ 父の知人が家に来られた。
エ 数学の難問が答えられた。

ⓐ	ⓑ

問二 例にならって、——線部①を単語に区切り、品詞名も答えなさい。

例

名詞	助詞	動詞	名詞
現実	と	いう	とき、

そ こ で 働 く こ の 世 界 は

問三 ══線部ⓒからⓕのうち、品詞が異なるものを一つ選び、記号で答えなさい。

問四 ——線部②の主語を、一文節で抜き出しなさい。

4 次の文章を読んで、後の問いに答えなさい。

ある日のことでございます。お釈迦《しゃか》さまは極楽のはす池のふちを、一人でぶらぶらお歩きになって①いらっしゃいました。池の中ⓐに咲《さ》いているはすの花は、みんな玉のようにまっ白で、その真中ⓑにある金色のずいからは、なんとも言えないよい匂《にお》いが、たえまなく辺りへあふれて②おりました。

極楽はちょうど朝でございました。

やがてお釈迦さまはその池のふちⓒにおたたずみになって、水の面《おもて》を覆《おお》っているはすの葉のあいだから、ふと下の様子をご覧ⓓになりました。

（芥川《あくたがわ》竜《りゅう》之介《のすけ》「蜘蛛《くも》の糸」）

問一 ——線部①について、次の(1)〜(3)の指示にしたがって後の表を完成させなさい。／線の箇所は記入しなくてよい。

(1) 二つの敬語を、そのままの形で抜き出しなさい。
(2) (1)で選んだ敬語の、敬意のない動詞を終止形で答えなさい。
(3) (1)で選んだ敬語の種類を次から選び、記号で答えなさい。

ア 尊敬語　**イ** 謙譲語　**ウ** 丁寧語

	(1)	(2)	(3)
		／	

問二 ══線部ⓐからⓓの格助詞のうち、意味・用法が異なるものを一つ選び、記号で答えなさい。

問三 ——線部②を、敬語のない表現に直しなさい。

付録 口語文法と文語文法の主な違い

1 仮名遣い

1 仮名遣いの違い

現代文に使われている仮名遣いを**現代仮名遣い**というのに対し、古文に使われている仮名遣いを**歴史的仮名遣い**という。歴史的仮名遣いは、平安時代中期ごろの発音が基本になっている。

2 五十音図

五十音図は、平安時代の中期ごろから用いられていた。古語の五十音図は下図のようになっている。「い・う・え」が重複しているため、実際は四十七音になる。

特に、ア行・ヤ行・ワ行に注意する。文語文法の動詞の活用を考えるとき、ア行・ヤ行・ワ行の違いが重要になる。

書くとき、ワ行の「ゐ」と、ラ行の「る」の形の違いと、ワ行の「ゑ」の下の点に注意する。

行＼段	ア段	イ段	ウ段	エ段	オ段
ア行	あ	い	う	え	お
カ行	か	き	く	け	こ
サ行	さ	し	す	せ	そ
タ行	た	ち	つ	て	と
ナ行	な	に	ぬ	ね	の
ハ行	は	ひ	ふ	へ	ほ
マ行	ま	み	む	め	も
ヤ行	や	い	ゆ	え	よ
ラ行	ら	り	る	れ	ろ
ワ行	わ	**ゐ**	う	**ゑ**	**を**

3 歴史的仮名遣いの読み方

❶ **語中・語尾の「は・ひ・ふ・へ・ほ」は、「ワ・イ・ウ・エ・オ」と読む。**
例 あはれ→あワれ　いふかひなし→いウかイなし

❷ **ワ行の「ゐ・ゑ・を」は、「イ・エ・オ」と読む。**
例 ゐる→イる　ゑし→エし　をとこ→オとこ

❸ **「ぢ・づ」は、「ジ・ズ」と読む。**
例 てんぢく→てんジく　あづま→あズま

❹ **語中の「む」は、「ン」と読む。**
例 やむごとなし→やンごとなし

❺ **「くわ・ぐわ」は、「カ・ガ」と読む。**
例 くわんぱく→カんぱく　ぐわんかけ→ガんかけ

❻ **母音(a・i・u・e・o)が連続する場合は、長音**(長く引きのばして発する音)**で読む。**

(1) au＝あう→ō《オー》　例 かうい（更衣） kaui→kōi《コーイ》
(2) iu＝いう→yū《ユー》　例 しうく（秀句） siuku→syūku《シューク》
(3) eu＝えう→yō《ヨー》　例 てうし（調子） teusi→tyōsi《チョーシ》
(4) ou＝おう→ō《オー》　例 おうな（嫗） ouna→ōna《オーナ》

注 ❶〜❸は、高校入試でもよく出題される。教科書の古文を音読して慣れるようにしておこう。

2 活用形と活用の種類

1 活用形の違い

活用がある品詞（動詞・形容詞・形容動詞・助動詞）の活用形は、文語も口語も六種類であるが、左表のように一つの活用形が違っている。

〈文語〉		〈口語〉
未然形	＝	未然形
連用形	＝	連用形
終止形	＝	終止形
連体形	＝	連体形
已然《いぜん》形	**→**	**仮定形**
命令形	＝	命令形

文語には仮定形がないため、**〈口語〉**では **仮定形＋ば** で仮定を表しているが、**〈文語〉**では **未然形＋ば** で表す。

例 〈口語〉私が言えば～（言え＝仮定形）
〈文語〉われ言はば～（言は＝未然形）

2 動詞の活用の種類

〈文語〉		〈口語〉
四段活用 ナ行変格活用 ラ行変格活用 下一段活用	→	五段活用
上一段活用 上二段活用	→	上一段活用
下二段活用	→	下一段活用
カ行変格活用	→	カ行変格活用
サ行変格活用	→	サ行変格活用

文語の動詞は、活用のしかたによって、上記の九種類に分類される。

終止形がウ段の音で終わるのは口語と同じだが、ラ行変格活用の動詞（「有り」・「居《を》り」など）だけはイ段で終わる。

〈文語〉

	基本形	語幹	未然形	連用形	終止形	連体形	已然形	命令形
◆四段活用	言ふ	い	は	ひ	ふ	ふ	へ	へ
◆ナ行変格活用	往《い》ぬ	い	な	に	ぬ	ぬる	ぬれ	ね
◆ラ行変格活用	有り	あ	ら	り	り	る	れ	れ
◆下一段活用	蹴《け》る	（け）	け	け	ける	ける	けれ	けよ
◆上一段活用	着る	（き）	き	き	きる	きる	きれ	きよ
◆上二段活用	起く	お	き	き	く	くる	くれ	きよ
◆下二段活用	受く	う	け	け	く	くる	くれ	けよ
◆カ行変格活用	来《く》	（く）	こ	き	く	くる	くれ	こ こよ
◆サ行変格活用	為《す》	（す）	せ	し	す	する	すれ	せよ

（四段活用・ナ行変格活用・ラ行変格活用・下一段活用 → 五段活用／上一段活用・上二段活用 → 上一段活用／下二段活用 → 下一段活用／カ行変格活用 → カ行変格活用／サ行変格活用 → サ行変格活用）

〈口語〉

	基本形	語幹	未然形	連用形	終止形	連体形	仮定形	命令形
◆五段活用	言う	い	わ お	い っ	う	う	え	え
◆上一段活用	着る	（き）	き	き	きる	きる	きれ	きろ きよ
◆下一段活用	受ける	う	け	け	ける	ける	けれ	けろ けよ
◆カ行変格活用	来る	（くる）	こ	き	くる	くる	くれ	こい
◆サ行変格活用	する	（する）	し せ さ	し	する	する	すれ	しろ せよ

3 形容詞・形容動詞の活用の種類

口語の場合は、それぞれ一種類だが、文語には左表のように、それぞれ二種類に分類される。終止形が「し」で終わるのが形容詞で、「なり」「たり」で終わるのが形容動詞である。

形容詞

	基本形	語幹	未然形	連用形	終止形	連体形	已然形	命令形
◆ク活用	高し	たか	（く） から	く かり	し ○	き かる	けれ ○	○ かれ
◆シク活用	美し	うつく	（しく） しから	しく しかり	し ○	しき しかる	しけれ ○	○ しかれ

形容動詞

	基本形	語幹	未然形	連用形	終止形	連体形	已然形	命令形
◆ナリ活用	静かなり	しづか	なら	なり に	なり	なる	なれ	なれ
◆タリ活用	堂々たり	だうだう	たら	たり と	たり	たる	たれ	たれ

3 助動詞

1 助動詞の性質

文語の助動詞も口語と同じように、付属語で活用があるという性質を持っている。ただし、文語の助動詞の語形は口語とは違《ちが》っている。

2 助動詞の意味による分類

文語と口語で、意味による分類のしかたに若干《じゃっかん》の違いがある。左表の／は、該当する助動詞がないことを表す。

意味	文語の助動詞	口語の助動詞
過去	き・けり	た
完《かん》了《りょう》	つ・ぬ・たり・り	た
推量	む・むず・らむ・けむ・べし・らし・めり・まし	う・よう
打消	ず	ない・ぬ
打消推量	じ・まじ	まい
伝聞・推定	なり	らしい・ようだ（推定） そうだ（伝聞）
断定	なり・たり	だ・です
受身・可能 自発・尊敬	る・らる	れる・られる
使役・尊敬	す・さす・しむ	せる・させる（使役）
希望	まほし・たし	たがる・たい
比《ひ》況《きょう》	ごとし	ようだ（たとえ）
様態	／	そうだ
丁《てい》寧《ねい》	／	ます

4 助詞

1 助詞の分類

文語の助詞も口語と同じように、付属語で活用がないという性質を持っている。語形も同じものが多く、はたらきも口語と共通しているものが多い。ただし、文語の助詞は左表のように六種類に分類されている。

種類	文語の助詞	口語の助詞
格助詞	が・の・に・を・へ・と・より・から・にて・して	が・の・に・を・へ・と・より・から・で
接続助詞	ば・と・とも・ど・ども・が・に・を・て・で・して・つつ・ながら	ば・と・が・て・でも・ので・から・けれど・のに・つつ・ながら・たり
副助詞	だに・すら・さへ・のみ・ばかり・まで・など・し	は・も・こそ・さえ・でも・ばかり・まで・など・だけ・くらい
係助詞	ぞ・なむ《ン》・や・か・こそ・は・も	／
終助詞	な・そ・ばや・なむ《ン》・もがな・てしがな・かな・かし・ぞ	か・な・ぞ・なあ・ね・ねえ・かしら・とも・よ・や・さ・の・わ
間投助詞	よ・や・を	／

注「係助詞」は、強調・疑問・反語などの意味を添《そ》え、「は」「も」以外は結び方に決まりがある。これを「係り結びの法則」という。「間投助詞」は、文節の切れ目に入って、語調を整え、詠嘆《えいたん》などの意味を添える。

5 係り結びの法則

1 係助詞「ぞ・なむ・や・か・こそ」

文語にしかない係助詞のうち、「ぞ・なむ・や・か・こそ」の五語は、文末の結び方に特別の決まりがあり、それを「係り結びの法則」という。

2 係り結びの法則

「係り結びの法則」に関係する係助詞のそれぞれの意味と用法をまとめると、次表のようになる。なお、例には「人が来《く》。（人が来る）」をもとに解説してある。「来《く》」の活用は93ページ参照のこと。

係助詞	意味	結びの活用形	例文（人が来《く》。）
ぞ	強調	連体形	▼人ぞ来る（連体形）。 訳 人が来る。
なむ	強調	連体形	▼人なむ来る。 訳 人が来る。
や	疑問・反語	連体形	▼人や来る。 訳〈疑問〉人が来るか。〈反語〉人が来るか、いや、来るはずがない。
か	疑問・反語	連体形	▼人か来る。 訳〈疑問〉人が来るか。〈反語〉人が来るか、いや、来るはずがない。
こそ	強調	已然《いぜん》形	▼人こそ来れ（已然形）。 訳 人が来る。

高校入試に出題された「係り結びの法則」

「係り結びの法則」は、文語文法を体系的に学習する高校で、しっかり身につけるとよい。ただし、中学校の教科書で「係り結びの法則」を扱《あつか》っているものもあり、高校入試でも古文の設問の中で出題されることがある。どの程度のことが設問になっているか、実際の入試問題を下段に四題収録しておいたので参考にしてほしい。

---

❶ 本文中の相模守時頼《さがみのかみときより》の母は、松下禅尼《まつしたぜんに》とぞ申しける。に見られる表現として適当なものを、次から一つ選べ。〔京都〕

ア 掛詞《かけことば》　**イ** 対句　**ウ** 体言止め　**エ** 係り結び

考え方 「ぞ〜ける」に注目する。係助詞「ぞ」の結びは「ける」（助動詞「けり」の連体形）であるから、答は**エ**。助動詞の活用表は覚えていなくても、連体形とは体言に連なることだから、「けり（終止形）＋コト」→「けるコト（連体形）」と推測できる。已然形は「ド」に接続し、「けれド（已然形）」になる。

❷ 三所ぞ流れたる。は、「三所流れたり」という表現にある意味が加わったものである。その意味として適当なものを、次から一つ選べ。〔拓植大第一高〕

ア 仮定　**イ** 疑問　**ウ** 反語　**エ** 強調

考え方 「ぞ〜たる」に注目する。係助詞「ぞ」は強調の意味があるから、答は**エ**。

❸ 〜こそなまめかしけれ。（訳〜は、まことに優雅《ゆうが》なものだ。）は「こそ」が入り、「係り結び」の表現となっている。そのことは訳でどのように反映されているか、四字で抜《ぬ》き出せ。〔山梨〕

考え方 「こそ」は強調の意味だから、訳では「**まことに**」に反映されている。「けれ」は助動詞「けり」の已然形。

❹ 「〜」といふとなむ、見たり□。の空欄《らん》に入る語として適当なものを、次から一つ選べ。〔十文字高〕

ア けら　**イ** けり　**ウ** ける　**エ** けれ

考え方 「なむ」の結びは連体形。❶の考え方を参照。答 **ウ**

☆15

本書に関する最新情報は，当社ホームページにある本書の「サポート情報」をご覧ください。(開設していない場合もございます。)

中学／国文法まとめノート

編著者	中学教育研究会
発行者	岡本明剛
印刷所	寿印刷株式会社

発行所

© 株式会社 増進堂・受験研究社
大阪市西区新町2丁目19番15号
電話 (06) 6532-1581(代)
FAX (06) 6532-1588　〒550-0013

Printed in Japan　高廣製本
落丁・乱丁本はお取り替えします。

ひっぱると，はずして使えます。

まとめノート 中学国文法

Grammar Test Part of Speech Check

解答編

解答編

第1章　国文法の基礎知識

①　文・文節・単語

1　言葉の単位

解答（ページ4・5）

1
(1) 私は<数学と<理科が<好きだ。
(2) テレビを<消して<読書を<する。
(3) 山道は<急に<険しく<なった。
(4) 天気が<いいので<外で<遊ぼう。
(5) 書店で<友達と<ばったり<出会う。
(6) 日本は<豊かな<自然に<恵まれて<いる。
(7) たぶん<彼は<来ないだろう。
(8) 父と<母は<イギリスへ<行って<います。
(9) 辺りが<急に<暗く<なり、<風も<強く<吹きだした。
(10) 山田君、<その<本を<取って<くれないか。

2
(1) サッカー<の<試合<を<見<に<行く。
(2) 音楽<を<聞き<ながら<散歩する。
(3) 友達<の<家<へ<自転車<で<行く。
(4) 彼<こそ<キャプテン<に<ふさわしい<人<だ。
(5) 決して<正しい<と<は<いえ<ない<だろ<う。

3
(1) 二（段落）・四（文）
(2) ②　その<公園で、<あみものを<したり、<本を<読んだり<して、
④　たいへん<景色の<いい<ところで<ありましたから。
(3) ①　よく<公園<の<方<へ<でかけ<まし<た。
③　そこ<に<は<静かな<木かげ<が<あっ<て、

くわしい解き方

1　文節の切れ目には「ネ」が入ることを手がかりにする。(2)の「読書を／する」は二文節。(3)の「険しく／なった」は二文節。(5)の「ばったり」は一文節。「出会う」は、もともと「出る」と「会う」という二つの単語であったものが「出会う」という一語になったもの。(6)の「恵まれて／いる」は二文節。(7)の「来ないだろう」で一文節。(8)の「行って／います」で二文節。(9)の「吹きだした」の「吹きだし」は、「吹く」と「だす」の二単語であったものが「吹きだす」と一語になったもの。(10)の「山田君」は呼びかけを表していて一単語で一文節。「その／本を」は二文節。「取って／くれないか」で二文節。

2　(2)の「散歩する」は、もともと「散歩」と「する」の二単語であったものが「散歩する」という動作を表す一単語になったもの。(5)の「と／は」は二単語。「いえ／ない／だろ／う」で四単語。

3　(1)　段落は改行が、文は句点（。）が手がかりになる。
(2)　②は**1**の(10)にも出てきたように「その」だけで一文節になる。④の「あり／まし／た／から」は四単語からなる一文節。
(3)　①の「でかけました」の「でかけ」は、「でる」と「かける」の二単語であったものが一単語になったもの。③の「あって」は、「ある」という単語に「て」がついて「あっ／て」と二単語になる。

解法のテクニック

単語に正確に区切るためには、まず文節に区切る。

2　文の成分

解答（ページ6・7）

1
(1) 白い<雲が<ぽっかりと<浮かぶ。
主語―雲が　述語―浮かぶ
(2) 庭に<咲いて<いる<花は<スミレだ。

(3) 主語―花は　述語―スミレだ

弟と いっしょに ぼくも 見に 行く。

2 (1) 修飾語―みごとな　主語―ぼくも　述語―行く

係る文節―花が

(2) 修飾語―ゆっくりと

係る文節―走る

3 (1) けれども　(2) すると

(3) だから　(4) 暑いが

(5) 中学生だから

4 (1) さようなら―エ

(2) 五月十日―オ

(3) まあ―ア　(4) もしもし―イ

(5) いいえ―ウ

くわしい解き方

1 主語は、「何が・は・も・こそ・さえ」などの形をとる。述語は文末にある。(3)の「見に行く」は、「見に／行く」と二つの文節になり、「見に」は「行く」の修飾《しゅうしょく》語になる。

2 (1)の「花が」、(2)の「人が」が主語。(1)の「咲いた」、(2)の「走る」が述語。(1)の「みごとな」は主語の、(2)の「ゆっくりと」は述語の内容を説明している修飾語である。

3 接続語は、ふつう文の初めにある。(1)～(3)は、一単語で一文節になる接続語。(4)は「暑い／が」の二単語、(5)は「中学生／だ／から」の三単語で、一文節の接続語になっている。

4 独立語も接続語と同じように、ふつう文の初めにある。(2)を「五月十日が私の誕生《たんじょう》日だ。」と書き換《か》えた場合は「五月十日が」は主語の文節になる。

解法のテクニック

主語の文節は、「何が」だけではない。
何は・何こそ
何も・何さえ　も主語になる。

3　文節と文節の関係 (1)

解答（ページ8・9）

1 (1) 風が　(2) 弟は　(3) ぼくも

(4) 雨さえ　(5) ぼくは

(6) ①私は　②姉は

2 (1) ①寒波で・A　②混乱する・B

(2) ①くれた・B　②品の・A

(3) ①行く・B　②文化祭に・A

3 (1) 雨がやんだ。だから、体育大会は決行された。

(2) 急に寒くなったので、あわててストーブを出す。

(3) 彼女は中学生だけれども、英検一級の資格を持っている。

くわしい解き方

1 主語・述語の関係は、文の中で最も基本になる。述語はふつう文末にあるから、まず、述語を押《お》さえ、それから主語をさがす。主語は「何が」のパターンだけでないことに気をつける。なお、(1)(2)の――線部は一文節ではないが、このことについては本冊11ページの「連文節」を参照のこと。

2 (1)の①は「寒波で」を修飾している。「寒波」は体言だからAとなる。②は「混乱する」を修飾している。「混乱する」で用言だからBとなる。(2)の①は「くれた」を修飾している。「くれ(る)」は用言だからBとなる。②は「品の」を修飾している。「品」(品物のこと)は体言だからAとなる。(3)の①は「行く」を修飾しているからB、②は「文化祭に」を修飾しているからAとなる。

3 (2)は「ので」を使うことで原因・理由を表す文節になっている。(3)は「けれども」を使うことで前の事柄《ことがら》と反対のことを続ける文節になっている。

解法のテクニック

・体言を含《ふく》む文節を修飾→連体修飾語
・用言を含む文節を修飾→連用修飾語

4　文節と文節の関係 (2)

解答（ページ10・11）

1 (1) 飛んだり跳ねたり

(2) 静かで平和な

(3) 京都と奈良は

2
(1) **読んでいる・イ**
(2) **高校生でない・イ**
(3) **飛んできた・ウ**
(4) **やってみたが・エ**
(5) **置いてある・ウ**

3
(1) これは　(2) 村の
(3) 接続語
(4) ③と④ **イ**　⑤と⑥ **ウ**
⑦と⑧ **カ**　⑩と⑪ **オ**

くわしい解き方

1 並立《へいりつ》の関係は、二つの文節を入れ替《か》えても文の意味が変わらない点に注意する。(1)は、「飛んだり跳《は》ねたり」という連文節で、「して」の連用修飾部になる。(2)は、「静かで平和な」で「町です」の連体修飾部になる。(3)は、「京都《きょうと》と奈良《なら》は」で「古都である」と、いう述部の主部になる。

2 補助の関係は、「～て・～で」の形が多い点に注意する。(1)は、「読んでいる」が「私は」の述部。(2)は、「高校生でない」が「私は」の述部。(3)の「飛んできた」は「ボールが」を修飾し、「飛んできたボールが」で「当たった」の主部。(4)は、「勇気を出してやってみた。しかし、失敗した」と言い換《か》えることができるので、「勇気を出してやってみたが」は条件を表す接続部になる。この文は主語が省略されている。(5)は、「置いてある」は「お菓子を」を修飾している。この文も主語が省略されている。

3 (1) 「わたしが～聞いた」は、「お話です」という述語の修飾部になる。
(2) 「わたしたちの」は、すぐ下の「村の」に係る連体修飾語になる。
(3) 文の成分の種類を答えるのだから接続詞という品詞名を答えないこと。
(4) ③と④は連文節で、「あって」の主部になっている。③と④にのみ注目してみると、④の「お城」という物の名前を表している言葉を修飾している③は、連体修飾語になる。⑤と⑥は、⑥の「離《はな》れた」という状態を表す言葉を修飾している⑤は、連用修飾語になる。⑦と⑧は、「住んでいる」の丁寧《ていねい》な言い方。「～でいる」の形で補助の関係。⑩と⑪は、「昼でも夜でも」と入れ替えても文意が変わらないので、並立の関係。

解法のテクニック

補助の関係は切り離せない！

〈補助の関係〉
・本が　置いて　ある。
×置いて　本が　ある。
二つの文節は離れられない！

〈修飾・被修飾の関係〉
・本が　横に　ある。
○横に　本が　ある。
二つの文節を離しても文が成立！

5 文の種類

解答（ページ12・13）

1
(1) [主]部　[述]部
小学校時代の　友達が　優勝した。
[主]語　[述]語
単文

(2) [主]部　[述]部
[主]語　[主]語　[述]語　[述]語
私は　彼が　言った　言葉を　忘れない。
複文

(3) [並立]の関係
[主]語　[述]語　[主]語　[述]語
姉は　高校生で　弟は　小学生だ。
重文

2
(1) **イ**　(2) **ア**　(3) **ア**　(4) **イ**　(5) **ア**
(6) **ウ**　(7) **ア**　(8) **エ**　(9) **エ**　(10) **ア**

くわしい解き方

1 文の構造上の三つの種類の違《ちが》いは、主語・述語が一組なら単文、二組以上あって、並立の関係になっていたら重文、修飾部に主語・述語の関係があったら複文と考えてよい。

(1)は、主語・述語の関係が一つしかない。なお、「優勝した」を〔　〕語と〔　〕部に使い分けているのは、「小学校時代の友達が」の部分が連文節であるので主部と表記したことに合わせたため。「優勝した」は一文節だが、表記を統一して述部とした。

(2)は、述語の修飾部「彼が言った言葉を」に主語・述語の関係があるため、複文になる。

(3)は、「弟は小学生で、姉は高校生だ。」と前後を入れ替えても文意が変わらない並立の関係になっているため、重文である。

2 (1)は、疑問文のうちの反語の文。(6)は、「なんと〜だろう」で感動を表している。(8)は、「急げ」と命令している。(9)は、「ぜひ〜してください」で依頼《いらい》を表す命令文。

解法のテクニック

文の構造上の三種類の違《ちが》いは
単文→主語・述語が一つ!
複文→主語・述語は二つ以上、一つは修飾部にある!
重文→主語・述語は二つ以上、セットで、入れ替えても文意は同じ!

6 単語の分類

解答 (ページ14・15)

1 (1) 今日 気持ち いい 秋晴れ
(2) 父 母 旅行 行っ 留守
(3) クラス 一番 足 速い 山田君
(4) サイレン 音 こちら 近づい くる
(5) 初めて 富士山 登っ 感動し

2 (1) さわやかな さそわ し き
(2) 急に 暗く なり 激しく 降っ

3 (1) 学校は、八時三十分から始まります。
(2) 雨が、まるで滝のように降る。
(3) 独りで郷里にいる祖母のことが案じられる。
(4) 雲が多くて、富士山はよく見えない。
(5) 弟と紙で飛行機を作って遊んだ。
(6) とても歩いては行かれない距離だ。

くわしい解き方

1 自立語は、文節の最初にあるから、まず最初に文節に区切ってみる。——線は単語を表す。
(1) 今日も/気持ちの/いい/秋晴れだった。
(2) 父も/母も/旅行に/行って/留守です。
(3) クラスで/一番/足が/速いのは、/山田君だろう。
(4) サイレンの/音が、/こちらへ/近づいて/くる。
(5) 初めて/富士山に/登って/感動した。
(1)の「秋晴れ」は、一語として扱《あつか》う。(4)の「近づいて/くる」で補助の関係になり、二語で述部になっている。

2 文節に区切ると次のようになる。——線は単語。
(1) さわやかな/風に/さそわれて、/ジョギングを/して/きた。
(2) 急に/辺りが/暗く/なり、/激しく/雨が/降った。
(1)の「さわやかな」の言い切りは「さわやかだ」、同じように、「さそわ」→「さそう」、「し」→「する」、「き」→「くる」。
(2)は「急に」→「急だ」、「暗く」→「暗い」、「なり」→「なる」、「激しく」→「激しい」、「降っ」→「降る」。

3 文節に区切ると、次のようになる。——線は単語。
(1) 学校は、/八時三十分から/始まります。
(2) 雨が、/まるで/滝のように/降る。
(3) 独りで/郷里に/いる/祖母の/ことが/案じられる。
(4) 雲が/多くて、/富士山は/よく/見えない。
(5) 弟と/紙で/飛行機を/作って/遊んだ。
(6) とても/歩いては/行かれない/距離だ。
(2)の「ように」の言い切りは「ようだ」。(3)は「案じ」→「案じる」、(4)は「多く」→「多い」、「よく」→「よい」、「見え」→「見える」、(5)の「作っ」→「作る」、「遊ん」→「遊ぶ」、(6)の「歩い」→「歩く」、「行か」→「行く」、「れ」→「れる」。

解法のテクニック

単語に区切る前に文節に区切る。

◇入試問題で力だめし ①

解答（ページ16・17）

1 (1) イ　(2) 五　(3) 七

(4) 小学生の｜ころは｜おなじみの｜遊びだったが

(5) 一体、／人間の／頭の／良さの／特徴とは／何か

(6) その｜坂を｜越えた｜後は｜疲れなど｜感じさせないように｜頑張った

(7) ①わたしが／いようが／いまいが　②イ・オ

2 (1) エ　(2) ①イ　②ア　(3) 九

(4) 越し｜て｜しまっ｜て｜いる｜の｜だろ｜う｜か

3 (1) エ　(2) イ

(3) ①主語・述語の関係　②修飾・被修飾の関係

4 (1) 変化が　(2) 見る　(3) 訪れた

くわしい解き方

1 (1)の「減っていく」は二文節で補助の関係になる。

(2) 「言葉の／正しさの／規範意識も／そこから／うまれ出るようだ」の五文節になる。

(3) 「二〇〇八年に／登場した／「琉神マブヤー」は、／沖縄の／正義を／守る／ヒーローだ」の七文節。

(4) 最後の文節は、単語に区切ると「遊び／だっ／た／が」の四単語で、——線部は付属語になる。

(6) 最後から二つ目の文節は、単語に区切ると「感じ／させ／ない／ように」となり、「感じ」以外は活用がある付属語の助動詞。

(7)
わたしが／いようが／いまいが
主語　連文節で述語（部）　並立《へいりつ》の関係

2 (1) イは文節に区切ったもの。「待っ」の言い切りは「待つ」、「い」の言い切りは「いる」でともに動詞。

(2) ②の「絶え／て／なかっ／た」と、(1)のエの「みんな／を／待っ／て／い／た」の〰線部のような形の文は、文節や単語に区切る設問として出題されやすいので注意しよう。

(3) 「走っ／て／いる／兄／の／姿／を／見／た」の九単語になる。「見」の言い切りは「見る」、「た」は付属語の助動詞。

(4) まず文節に区切ってから単語に区切るほうがやりやすいので、この習慣をつけるようにする。「いる｜の｜だろ｜う｜か」の「だろ」は言い切りが「だ」、「う」は言い切りも「う」の助動詞。

3 (1) 「〜ている」は補助の関係。

(2) 「初めての外国語を」は、修飾《しゅうしょく》・被《ひ》修飾の関係。アは並立の関係。イは修飾・被修飾の関係。ウは補助の関係、エは主語・述語の関係。

(3) 「鳥が」が主語。「高く」は「飛んだ」を修飾している修飾語。「飛んだ」が述語。

鳥が　高く　飛んだ。
主語　述部　修飾・被修飾の関係

4 (1) いずれも一文節で抜《ぬ》き出すことに注意する。「環境《かんきょう》の変化が」では二文節になってしまう。

(2) 「見ることが」の「こと」は自立語（名詞）だから「見ることが」と抜き出さないように注意する。

(3) 「訪れたとき」の「とき」は自立語（名詞）だから「訪れた」だけを抜き出す。

解法のテクニック

文節や単語に区切るときは
〜てなかった→〜て・なかっ・た
〜っていた→〜っ・て・い・た
の形に注意する。

② 品詞

7 活用がある自立語 (1) —活用形—

解答（ページ18・19）

1 動詞　形容詞　形容動詞

2 ①い　②く　③っ　④っ　⑤か　⑥っ　⑦き　⑧さ　⑨かっ　⑩い　⑪かろ　⑫だろ　⑬く　⑭な　⑮い

3 ①エ　②イ　③ア　④ア　⑤カ　⑥エ　⑦イ　⑧オ　⑨エ　⑩イ　⑪エ　⑫ア

4 通っ　集める　はやっ　ねだっ　破れ　作っ　もらっ　恐れ　かけ　出かけ

くわしい解き方

1 15ページの品詞分類表を参照。ここで挙げた三品詞をまとめて、用言ということも覚えておくこと。

用言は、動詞→形容詞→形容動詞の順で言ったり書いたりできるようにしておく。

2 ①③⑮が「て」に続き、④⑥⑨が「た」に続いていることに注目する。この場合は連用形になる。⑤⑦の「ない」は未然形接続。

3 「書く」の終止形と連体形は「―く」と同形であるが、下に続く語で判断する。①は「書くとき」という体言に続いているから連体形になる。⑥と⑨の「早い」は、下に「時間」「ほど」という体言に続いている。

4 それぞれの終止形は、次の通り。

通っ→通う　集める→集める（問題文中の「集める」は連体形）　はやっ→はやる　ねだっ→ねだる

破れ→破れる　作っ→作る　もらっ→もらう

恐れ→恐れる　かけ→かける

出かけ→出かける

解法のテクニック

～て
～た　トアレバ　～ハ　連用形
～ない　トアレバ　～ハ　未然形

8　活用がある自立語 (2)　―動詞①―

解答（ページ20・21）

1 ウ・カ・ケ・コ・サ・ソ

2 (1) 成功すれ→成功する　喜ば→喜ぶ

(2) 歩い→歩く　帰る→帰る

(3) 歌う→歌う　決め→決める

(4) 落ち→落ちる　注意せよ→注意する

3 **ア** 信・じる　**イ** 越・える

ウ ゆ・でる　**エ** 用・いる

オ 乗・る　**カ** 飛・ぶ

キ 述・べる　**ク** 消・す

ケ 借・りる

4 (1) 気づい　(2) 急げ　(3) 起き

(4) 始め　(5) 笑わ

くわしい解き方

1 **ア**・**キ**は感動詞。**ウ**は「愛」と「する」の二語が一つになった言葉。**ケ**は「見る」と「送る」が一つで名詞になる。**エ**は形容詞、**オ**は「―み」で名詞になった言葉。**コ**は「水が流れる」、**サ**は「水を流す」などと用いる。二つとも動詞である。

2 (1)の「成功すれ」は「成功」と「する」が一つになった言葉。「喜ばれる」は「喜ば」と「れる」の二つの品詞に分かれる。「れる」は助動詞。(3)の「歌う」は下の「曲」という名詞（体言）に係るので連体形である。(4)の「注意せよ」は命令形である。

3 語幹とは形が変わらない部分のことをいう。一《いっ》般《ぱん》的には漢字表記の部分が語幹になることが多い。ここには取り挙げていないが、語幹と活用語尾の区別のない動詞もある。

4 (1)は連用形、(2)は仮定形、(3)は未然形、(4)は連用形、(5)は未然形になる。

解法のテクニック

動詞の言い切りの形（終止形）は　ウ段で終わっている！

9　活用がある自立語 (3)　―動詞②―

解答（ページ22・23）

1 エ・オ・キ・ケ

2 (1) 消し・連用形　(2) 勝っ・連用形　(3) 休ま・未然形　(4) 勝て・仮定形　(5) 叫ん・連用形　(6) 散る・連体形

3

例語	語幹	未然形	連用形	終止形	連体形	仮定形	命令形
聞く	き	―か ―こ	―き ―い	―く	―く	―け	―け
待つ	ま	―た ―と	―ち ―っ	―つ	―つ	―て	―て
学ぶ	まな	―ば ―ぼ	―び ―ん	―ぶ	―ぶ	―べ	―べ
歌う	うた	―わ ―お	―い ―っ	―う	―う	―え	―え
惜しむ	おし	―ま ―も	―み ―ん	―む	―む	―め	―め

４ (1) 鳴い・ア　(2) 読ん・イ　(3) 走っ・ウ　(4) 泳い・ア　(5) 帰っ・ウ　(6) 飛ん・イ

くわしい解き方

１ 五段活用動詞は、「ナイ」をつけて「ア段＋ナイ」となる。**ア**はエ段＋ナイ、**イ・ウ・カ・ク**はイ段＋ナイになる。**ケ**の「飛び立つ」は、もともと「飛ぶ」と「立つ」が一つになった言葉。

２ (1)の「あわて」は終止形が「あわてる」という動詞、(3)の「続け」は「続ける」という動詞だが、いずれも五段活用動詞ではない。活用形は、動詞の下に続く語、(1)(2)(3)は「た」、(4)は「ば」、(5)は「だ」、(6)は「とき」に注目すると答えられる。

３ 特に連用形に注意する。「聞く」はイ音便、「待つ」と「歌う」は促音便《そくおんびん》、「学ぶ」と「惜しむ」は撥《はつ》音便《おんびん》になる。

４ 音便は、連用形が「タ(ダ)」「テ(デ)」に続く場合に起こる現象であることに注意する。

> **解法のテクニック**
> **活用形を答えるときは、下に続く語に注目する。**

10 活用がある自立語(4) ―動詞③―

解答 (ページ24・25)

１ **ア**B　**イ**C　**ウ**B　**エ**A　**オ**E
カA　**キ**B　**ク**A　**ケ**C　**コ**C　**サ**D
シA　**ス**B　**セ**E　**ソ**C　**タ**A

２ (1) なで・下一段活用・連用形
(2) 降りる・上一段活用・連体形
(3) 省略し・サ行変格活用・連用形

３

例語	語幹	未然形	連用形	終止形	連体形	仮定形	命令形
着る	○	き	き	きる	きる	きれ	きろ きよ
得る	○	え	え	える	える	えれ	えろ えよ
来る	○	こ	き	くる	くる	くれ	こい
する	○	さ し せ	し	する	する	すれ	しろ せよ

４ ア　**５** オ　**６** エ

くわしい解き方

１ サ変活用には、「〜する」という形があることに注意する。**オ**の「愛する」、**セ**の「信ずる」がこれに当たる。**ア**の「見る」と**イ**の「見せる」、**ス**の「信じる」と**セ**の「信ずる」の違《ちが》いにも注意する。なお、**タ**の「有る」は、「ナイ」とつけると「有らナイ」となり、不自然になる。「有る」を否定するときは「有らヌ」とする。「有らぬこと」は、とんでもないことの意である。「有る」は、未然形の語尾が「有らヌ」と、ア段なので、五段活用になる。

２ 活用の種類と活用形の違いを正確に覚えておくこと。(3)の「省略し」は「省略する」というサ変動詞の連用形である。

３ 「着る」は上一段活用、「得る」は下一段活用、「来る」はカ変、「する」はサ変の動詞である。カ変・サ変の活用は暗記してしまうこと。

４ 「思い起こさ」は、五段動詞「思い起こす」の未然形。**イ**はサ変、**ウ**は上一段、**エ**は下一段活用。

５ 「問う」は、五段動詞「問う」の連用形。**ア**は下一段、**イ**は上一段、**ウ**はサ変、**エ**はカ変の動詞である。

６ 「借り」は、上一段動詞「借りる」の連用形。**ア**は下一段、**イ**はサ変、**ウ**はカ変の動詞である。

> **解法のテクニック**
> **「活用の種類」と「活用形」の違いを正確に使い分けよ。**

11 活用がある自立語(5) ―動詞④―

解答（ページ26・27）

1 (1) ある (2) × (3) × (4) いる (5) みる (6) × (7) × (8) やる

2 (1) 読める (2) 乗れ (3) 泳げ (4) 帰れ

3 ア・歩ける ウ・登れる エ・やれる カ・飛べる ク・解ける

4 (1) 会場に人を集める。
(2) 新学期から校則を変える。
(3) サッカー大会を始める。
(4) 桜の枝を折る。
(5) 順調に計画を進める。

くわしい解き方

1 補助動詞は、文節と文節の関係では補助の関係になり、上の文節は「～て・～で」の形になることが多い、という二点を押《お》さえておくと見つけやすい。(2)・(3)・(6)・(7)は、動詞一語で述語になっているから、補助動詞ではない。

2 可能動詞は下一段活用をし、対応する五段活用の動詞があることを押さえる。それぞれに対応する五段動詞は、(1)「読む」、(2)「乗る」、(3)「泳ぐ」、(4)は「帰る」となる。なお、単語に区切ると(2)は「乗れ／ない」、(3)は「泳げ／た」、(4)は「帰れ／なかっ／た」となる。動詞だけを答えることに注意する。

3 設問の「可能動詞が作れるもの」とは、五段活用の動詞でなければいけないことになる。**イ・オ**は下一段活用、**キ**は上一段活用動詞である。

4 自動詞と他動詞の区別は、上に「～が」がくるか、「～を」がくるかによって判断できる。たとえば、

A ドアがあく。 B ドアをあける。

では、Aは自動詞、Bは他動詞になる。

解法のテクニック

補助動詞
可能動詞
自動詞・他動詞
} ともに見分け方を暗記せよ。

12 活用がある自立語(6) ―形容詞―

解答（ページ28・29）

1

語幹	未然形	連用形	終止形	連体形	仮定形	命令形
赤	―かろ	―かっ ―く	―い	―い	―けれ	○

2 ウ オ カ

3 大きい

4 形容詞―大きく 活用形―連用形

5 エ

6 イ

くわしい解き方

1 単語に区切ると、次のようになる。

山／に／登る／と、／木の葉／が／赤く／染まっ／て／い／た。

このうち形容詞は「赤く」で「赤い」の連用形。なお、連用形には「赤う(ございます)」のようなウ音便がある。これを活用表に明示し、連用形を「―かっ・―く・―う」と三つを並記《へいき》してもよい。

2 **ア・エ**の「～がない」のような述語の場合は、形容詞になる。**イ**は「みっともない」で、**キ**は「だらしない」で一語の形容詞。**ウ**は「正しく」の、**オ**は「多く」の、**カ**は「よく」の補助語になっている。

3 「大きけれ」は、形容詞「大きい」の仮定形。

4 単語に区切ると、次のようになる。

後悔／ばかり／ふくらん／で／大きく／なっ／て／い／た。

このうち形容詞は「大きく」で「大きい」の連用形。

5 「痛かっ」は形容詞「痛い」の連用形。**ア**は形容詞「痛い」の語幹に「み」がついて体言になったもの。**イ**は動詞「痛む」の未然形。**ウ**は形容詞の語幹「痛」に「がる」がついて動詞になったもの。**エ**は形容詞「痛い」の仮定形。

6 「親しみ」は形容詞「親しい」の語幹に「み」がついて体言になったもの。**ア**の「大きな」は連体詞（本冊38ページ参照）。**イ**は形容詞「悔《くや》しい」の語幹に「さ」がついて体言になったもの。**ウ**の「少しも」は副詞（本冊36ページ参照）。**エ**は形容詞「喜ばしい」の連用形。

解法のテクニック

形容詞の語幹に「み・さ・け」がつけば名詞になる。(深み・寒さ・眠け)

13　活用がある自立語 (7)　─形容動詞─

解答 (ページ30・31)

1

語幹	未然形	連用形	終止形	連体形	仮定形	命令形
素直	─だろ	─だっ ─で ─に	─だ	─な	─なら	○

2　イ　ウ　カ

3　品詞名─形容動詞　記号─エ

4　エ

5　ウ

6　ア

くわしい解き方

1　「素直な」は、形容動詞「素直だ」の連体形。

2　形容動詞は、イの「やわらかだ」・ウの「暖かだっ」・カの「細かな」である。アの「やわらかく」は、形容詞「やわらかい」の連用形。エの「暖かい」は、形容詞「暖かい」の連体形。オの「細かい」は、形容詞「細かい」の連体形。形容詞と形容動詞には似た形のものがあるので注意する。大きな違《ちが》いは終止形にある。

3　──線部の「必要に」は、形容動詞「必要だ」の連用形。アの「小さな」は、「小さだ」と言えないから形容動詞ではない。イの「青かっ」は、形容詞「青い」の連用形。ウの「決して」は下の「ない」と呼応する副詞(本冊36ページ参照)。エは、形容動詞「静かだ」の連用形。

4　──線部の「大変な」は、形容動詞「大変だ」の連体形。アには「静かで」、イには「さわやかな」、ウには「おだやかだ」と、それぞれ形容動詞が含《ふく》まれている。設問に「含まれていない文」とあることに注意する。

5　──線部の「着い」は、五段活用の動詞「着く」の連用形。アの「新たな」は、形容動詞「新ただ」の連体形。イの「速い」は、形容詞「速い」の連体形。ウの「多忙《たぼう》に」は、形容動詞「多忙だ」の連用形。エの「高い」は、形容詞「高い」の終止形。

6　アの「小さな」は、**3**のアの解説を参照のこと。品詞は、体言だけを修飾《しゅうしょく》する連体詞(本冊38ページ参照)。イ～オの──線部は、形容動詞の終止形「──だ」と言える。念のため、連用形の「─で・─に」、連体形の「─な」と言えるかどうかも確認しておくといい。

解法のテクニック

「～だ・に・で・な」と言えたら形容動詞になる。(静かだ・静かに・静かで・静かな)
一つでも言えなかったら他品詞。

◇入試問題で力だめし ②

解答 (ページ32・33)

1　(1)　遅れる・ない
(2)　好ましい─形容詞
限ら─動詞

2　(1)　エ　(2)　ア　(3)　イ

3　(1)　活用の種類─五段活用
活用形─連用形
(2)　エ
(3)　ア　連用形　イ　未然形
ウ　連用形
(4)　オ

4　エ

5　(1)　イ　(2)　エ　(3)　イ

6　(1)　大切だ　(2)　ア

くわしい解き方

1　(1)を単語に区切ると「決して／約束／に／遅《おく》れる／こと／が／ない」となる。「遅れる」は、下一段活用の動詞「遅れる」の連体形。「ない」は、形容詞「ない」の終止形。(2)を単語に区切ると「生活者／に／も／好ましい／と／は／限ら／ない」となる。「ない」は、「限らない」で一文節になるので、形容詞ではない。

2　(1)の「残る」は、五段活用の動詞。アはサ変、イとウは下一段である。(2)のアは下一段。イ・ウ・エは五段。(3)のアは下一段、ウは五段、エは五段、オは五段。イの「休ん(で)」は五段活用「休む」、「休め(て)」は下一段活用「休める」のそれぞれ連用形である。

語幹	未然形	連用形	終止形	連体形	仮定形	命令形
休	―ま ―も	―み ―ん	―む	―む	―め	―め
休	―め	―め	―める	―める	―めれ	―めろ ―めよ

3 (1)の「言い」の終止形は「言う」。活用の種類と活用形を混同しないよう注意する。(2)の「積ん」は五段活用「積む」の連用形。**ア**の「踊《おど》る」は連体形。**イ**と**ウ**の「踊り」は、五段活用動詞「踊る」の連用形が名詞化したもの。これを転成名詞（本冊35ページ参照）という。**エ**は、「跳《と》ぶ」という動詞（用言）に係る連用形。(3)はカ変動詞「来る」に関する問い。カ変・サ変の活用表は暗記しておくこと。**ア**と**ウ**は連用形、**イ**は未然形である。(4)の**ア**～**エ**は連用形で、**オ**だけが未然形。

4 補助動詞は、「～て・～で」の形で出て来ることが多いことを覚えておく。**ア**は「村がある」、**イ**は「印象があるかも」、**ウ**は「喜びはあるだろうが」で主語・述語の関係になっている。**エ**は「事実である」で補語の関係になっている。

5 (1)の終止形は、**ア**が「荒々《あらあら》しい」（形容詞）、**イ**が「笑う」（動詞）、**ウ**が「鋭《するど》い」（形容詞）、**エ**が「楽しい」（形容詞）となる。(2)の「うれしい」は「知らせ」という名詞（体言）を修飾《しゅうしょく》しているので連体形になる。**ア**・**イ**は終止形、**ウ**は連用形、**エ**は「声」を修飾している連体形。(3)の「大きさ」は、形容詞「大きい」の語幹に、名詞を表す接尾語「さ」がついて形容詞が名詞化したもの、「大きく」は、形容詞「大きい」の連用形。

6 (1)の「大切な」は、形容動詞「大切だ」の連体形。(2)の「はるかに」は、「はるかダ・ニ・デ・ナ」と言えるから形容動詞である。**イ**～**オ**は、「～ダ・ニ・デ・ナ」がすべていえるわけではないので、形容動詞ではない。

> 解法のテクニック
> **用言の活用形の見分け方**
> **下に続く言葉に注目せよ。**

14 活用がない自立語 (1) ―名詞―

解答（ページ34・35）

1 普通名詞―小学校・妹・伝記・スミレ・花・誕生日・辞書
固有名詞―野口英世
数　詞―三年前
形式名詞―もの
代名詞―私・どこ

2 ① (4)　② (2)・(3)・(4)
③ (3)・(4)　④ (2)

3 (1) こと　(2) もの　(3) とき
(4) うち　(5) ため

4

	複合名詞	転成名詞
(1)	山小屋	休み
(2)	解答欄	答え
(3)	山登り	話

くわしい解き方

1 (1)の「卒業し」はサ変動詞。(2)の「熱心に」は形容動詞。(4)の「欲《ほ》しい」は「ものを」修飾する連体修飾語になる。(5)の「どこ」は指示代名詞。

2 ②の補助動詞に当たるのは、(2)の「読んでいる」、(3)の「咲いている」、(4)の「買ってもらった」の―線部である。③の形容詞は、(3)の「美しい」、(4)の「欲しい」、④の形容動詞は、(2)の「熱心に」である。

3 形式名詞は、上に必ず連体修飾語がある。
(1)は、考えていることを
(2)は、大きくなったものだ
(3)は、あるときは
(4)は、昨日のうちに
(5)は、降ったために

上の――線部が連体修飾語で、〰〰が形式名詞になる。
形式名詞は、直前の連体修飾語を取ると文意が通じなくなることに注目する。

4 (1)の「山小屋」は「山＋小屋」、(2)の「解答欄」は「解答＋欄」、(3)の「山登り」は「山＋登り」で複合名詞になっている。(1)の「休み」は、五段動詞「休む」の連用形が、(2)の「答え」は、下一段動詞「答える」の連用形が、(3)の「話」は、五段動詞「話す」の連用形が、それぞれ名詞化したものである。

> 解法のテクニック
> **形式名詞は、**
> **必ず上に連体修飾語があり、**
> **取ると文意が通じない。**

15　活用がない自立語(2)　―副詞―

解答（ページ36・37）

1

	副詞	修飾している文節
(1)	わざわざ	来た
(2)	ときどき	振り返った
(3)	ますます	上がった
(4)	少し	前の
(5)	もう	一度

2　(1)　ください　(2)　ようだ
(3)　ない　(4)　ないだろう
(5)　ても

3　エ

4　山形は、おそらく東京より涼しいだろうと思っていた。

くわしい解き方

1　文節で抜《ぬ》き出すことに注意する。(2)の「振《ふ》り返っ」は、「振る」と「返る」の二つの動詞が一つになったもの。(4)と(5)は副詞が体言を修飾している例。

2　呼応の副詞の問題。□の数を正確に数える必要がある。(1)は、「ぜひ～ください」、(2)は、「まるで～ようだ」、(3)は、「全然～ない」、(4)は、「まさか～ないだろう」、(5)は、「たとえ～ても」が呼応している。

3　a・b・fは擬《ぎ》態《たい》語の副詞で、c・d・eは擬声語（擬音語）の副詞になる。

4　ここの文章には、副詞が「かなり・のんびり・おそらく」の三語ある。そのうち呼応の副詞は「おそらく」で、受ける語は「～だろう・～でしょう」である。ここは、文脈から「おそらく～だろう」が適当。

解法のテクニック
呼応の副詞は受ける語とセットで覚える。

16　活用がない自立語(3)　―連体詞―

解答（ページ38・39）

1　(1)　あの　(2)　いろんな
(3)　たいした　(4)　あらゆる
(5)　とんだ　(6)　小さな

2　(1)　どの→本ですか
(2)　たった→半年しか
(3)　おかしな→考え方で（ある）
(4)　去る→一月末だった

3　ア　名詞（代名詞）　イ　連体詞
ウ　連体詞　エ　形容詞　オ　動詞
カ　連体詞

4　イ

5　ア

くわしい解き方

1　(1)の「大きい」は形容詞。(2)の「ここ」は名詞。(3)の「たいへんな」は形容動詞。(6)の「こちら」は名詞。

2　連体詞は、体言を含《ふく》む文節に係る。問いは文節単位で抜《ぬ》き出すことを要求していることに注意する。(2)の「あれ」、(3)の「それ」は名詞。(3)の「考え方である」は補助の関係の連文節のため、係る文節を「考え方である」で抜き出してもよい。(4)の「去る」が係る文節は、「一月末」が自立語、「だっ・た」で二語の付属語であるから、「一月末だった」まで抜き出す。

3　アは主語になっている名詞、エは活用がある形容詞、オは述語になっている動詞と、連体詞には活用がない性質がある。

4　「この」は連体詞である。アは「遠くは」に係る副詞、ウは名詞、エは「ながめる」に係る副詞。

5　アは連体詞で、他は副詞である。

解法のテクニック
連体詞は活用せず、体言のみ修飾する。

17　活用がない自立語(4)　―接続詞―

解答（ページ40・41）

1　(1)　そして・しかし・それで
(2)　きっと・そう・しげしげ・ときどき
(3)　来る

(4) サ変—我慢し　活用形—連用形

2 (1) オ　(2) ウ　(3) ア　(4) カ　(5) イ　(6) エ

3 エ

くわしい解き方

1 (1)の「そして」と、「しかし」は2行目、「それで」は4行目にある。(2)の「きっと」は1行目、「そう」と「しげしげ」は3行目、「ときどき」は4行目にある。「そう／しげしげ」は二単語になり、ともに副詞である。(3)のカ変動詞は「来る」一語だから覚えておく。(4)のサ変は「する」のほかに、「～する」という動詞もある。5行目の「我慢《がまん》し」は、下に「た」が続いているからサ変動詞「我慢する」の連用形だと分かる。

2 入試などでは、このような形式ではなく、——線部が空欄《くうらん》になっていて、そこに与《あた》えられた接続詞から適当なものを入れるという形式が多い。接続詞が入る、前後の文脈がどういう関係でつながっているかを、正確に読み取る力が要求される。

3 「さて」は転換《てんかん》を示す接続詞である。アの「なぜ」は、疑問を表す呼応の副詞。イの「この」は連体詞。ウの「それ」は名詞（代名詞）。

解法のテクニック

接続詞は前後の文脈から判断せよ。

18 活用がない自立語(5) —感動詞—

解答（ページ42・43）

1 (1) 名詞　(2) ○　(3) 名詞　(4) 名詞　(5) ○　(6) 副詞　(7) 副詞　(8) ○　(9) 名詞　(10) ○　(11) 名詞　(12) 名詞

2 (1) イ　(2) ア

3 (1) ク　(2) カ　(3) イ

4 1 ある　2 述語　3 用言　4 ウ　5 い　6 だ　7 ない　8 主語　9 修飾語　10 接続語　11 体言

A 動詞　B 形容詞　C 形容動詞　D 名詞　E 副詞　F 連体詞　G 接続詞　H 感動詞

くわしい解き方

1 感動詞と同じ語形でも、文中の位置によって他の品詞になるものもある。また、感動詞は、文の最初にあるのが一般《いっぱん》的だが、(2)のような例外もあるから注意する。なお、(2)の「お父さん」は名詞である。(3)と同様、注意する。

2 同じ「やあ」でも、前後の文脈から種類が違《ちが》う例である。(1)は、「こんにちは」（これも感動詞である。）とあいさつする人に対し呼びかけている。(2)は、優勝したことに感動している。

3 (1)の「いえ」は、「いいえ」や「いや」と同じように、打ち消しを表す応答になる。(2)の「その」は、こそあど言葉のうち、連体詞の「この・あの・その・どの」の一つである。(3)は形容詞「ない」の連用形。「ない」は助動詞（本冊53ページ参照）にもあって、入試では品詞の識別としてよく出題されている。ここでは、「ない」の上に助詞（は・も・が…）がある（あるいは補える）場合は形容詞と覚えておこう。

4 これまで学習してきた自立語の総まとめ。空欄になっているところはすべて正確に覚えておかなければいけない。なお、10は接続詞では品詞名になるので不正解。

解法のテクニック

感動詞と同じ語形でも、場所によって他の品詞の場合もある。

◇入試問題で力だめし③

解答（ページ44・45）

1 イ

2 (1) 一切　(2) エ　(3) イ

3 イ

4 (1) イ　(2) エ　(3) 1 副詞　2 ない　3 連用

5 (1) ウ　(2) エ　(3) イ　(4) イ

6 (1) イ　(2) イ

7 (1) エ　(2) ア　(3) ウ　(4) エ　(5) イ

くわしい解き方

1 一般《いっぱん》名詞とは、普通《ふつう》名詞のこと。**イ**以外は固有名詞である。

2 (1)を単語に区切ると、「一切（副詞）／声（名詞）／は（助詞）／掛け（動詞）／ず（助動詞）」となる。(2)の「けっして」は副詞。「後に続く言葉が決まっている」とは、呼応の副詞のこと。**エ**は、「もし〜たら・ても・ば」などの形になる。(3)の「たとえ」も「もし」と同じ呼応の副詞で、仮定を表す。**イ**の「つけられなくても」に呼応している。

3 **ア**は、指示代名詞「これ」に、助動詞の「だ」がついたもの。**イ**は、「ん?」も「あれ?」も下の「違和感《いわかん》」を強調するための感動詞。「ん? あれ」だと指示代名詞の「あれ」になる。**ウ**は、逆接の接続詞。**エ**は、副詞。

4 (2)の「いわゆる」は、「いかなる・来たる・去る・単なる」などと同じグループ（「〜る」型）の連体詞。(3)の「決して」は、「決して〜ない」と呼応する副詞。2の問いの条件は「一語を抜くこと」だから、「ないと」と答えてはいけない。

5 (1)の「まったく」は副詞。**ア**は形容動詞の連体形。**イ**の「いわゆる」は連体詞。**エ**は形容動詞の連用形。「たしか」なら副詞ととれる。(2)の「ただ」は副詞。**ア**の「それ」は名詞（代名詞）。**イ**の「だが」は接続詞。**ウ**の「先日」は名詞。(3)の「ふわりと」は擬態語の副詞。**ア**の「柔《やわ》らかい」は形容詞。**ウ**の「その」は連体詞。**エ**の「われわれ」は名詞。(4)の「あまり」は副詞。問いの条件が「同じ品詞が含まれていない文」であることに注意する。**ア**は「決して」が、**ウ**は「ゆっくり」が、**エ**は「かなり」が副詞。**イ**の「あらゆる」は連体詞である。

6 「大きな」は連体詞。（「大きい」は形容詞）(1)の**ア**の「危険な」は形容動詞「危険だ」の連体形。**イ**の「ある」は連体詞。**ウ**の「長い」は形容詞「長い」の連体形。**エ**の「縮める」は下一段動詞「縮める」の連体形。(2)の**ア**「苦手な」は形容動詞「苦手だ」の連体形。**イ**の「その」は連体詞。**ウ**の「恐《おそ》ろしい」は形容詞「恐ろしい」の連体形。**エ**の「それ」は名詞（代名詞）。

7 (1)の**エ**以外は、動詞が名詞化したもの。**エ**は形容詞。(2)の「さまざまな」は形容動詞「さまざまだ」の連体形。**イ**・**ウ**・**エ**は副詞。(3)の**ア**・**イ**・**エ**は副詞。**ウ**の「こんな」は、形容動詞「こんなだ」の語幹とする説と、「こんな・そんな・あんな・どんな」を連体詞とする説がある。いずれにしても、ここでは副詞以外ということで**ウ**が正解になる。(4)の**ア**・**イ**・**ウ**・**オ**は副詞。**エ**の「たまらなく」は形容詞「たまらない」の連用形。(5)の**ア**・**ウ**・**エ**・**オ**は接続詞。**イ**は副詞。

解法のテクニック

活用がない自立語の出題は、副詞が圧倒的。次に連体詞に注意。

19 活用がある付属語(1) ―助動詞①―

解答（ページ46・47）

1 (1) られる (2) られる (3) られる (4) れる (5) せる (6) たい (7) だ (8) そうだ (9) そうだ (10) ようだ (11) らしい (12) よう (13) まい (14) ない (15) た (16) ます

2 (1) られ (2) せ (3) たかっ (4) だっ (5) そうだっ (6) ようだっ (7) らしかっ (8) なかっ (9) たら (10) ませ

くわしい解き方

1 それぞれの文を単語に区切ると、次のようになる。――線部が助動詞である。（　）は意味を表す。

(1) 彼《かれ》／は／とても／親切な／の／で、／みんな／から／ほめ／られる。（受け身）

(2) 数学／が／得意な／山田君／は、／全問／答え／られる。（可能）

(3) 海外出張中／の／父／の／健康／が／案じ／られる。（自発）

(4) 理科／の／鈴木先生／は、／実験／中心／の／授業／を／好ま／れる。（尊敬）

(5) 練習後、／全員／に／グラウンド／の／整備／を／さ／せる。（使役）

(6) 君／が／来／たい／とき／に／来／て／いい／よ。（希望）

(7) 日本／で／一番／高い／山／は／富士山《ふじさん》／だ。（断定）

(8) 今／に／も／雨／が／降っ／て／き／そうだ。（様態）

(9) 山頂／から／の／眺《なが》め／は、／たいそう／すばらしい／そうだ。（伝聞）

(10) 赤ちゃん／の／手／は、／まるで／紅葉《もみじ》／の／ようだ。（たとえ）

(11) 遠く／に／工場／らしい／建物／が／見える。（推定）

(12) 試合／が／近い／から、／気合い／を／入れ／て／練習し／よう。（意志）

(13) この／こと／は、／家族／以外／は／だれ／も／知る／まい。（打ち消しの推量）

(14) どしゃ降り／の／雨／の／ため、／キャンプ／は／行わ／ない。（打ち消し）

(15) 大成功／の／うち／に、／球技大会／は／終わっ／た。（過去）

(16) 今度／の／大会／は、／必ず／優勝し／ます。（丁寧《ていねい》）

2 (9)は、（　）の下には読点があるので、「朝起きた」では不適当。それぞれの助動詞の意味は、(1)は可能、(2)は使役、(3)は希望、(4)は断定、(5)は様態（そういう様子である）、(6)はたとえ、(7)は推定、(8)は打ち消し、(9)は過去、(10)は丁寧となる。

> **解法のテクニック**
> **助動詞は付属語だから文節の最初にはない。**

20 活用がある付属語 (2) ―助動詞②―

解答（ページ48・49）

1 (1) ウ　(2) イ　(3) エ　(4) ア

2 (1) ア　(2) エ　(3) a ウ　b ア

3 (1) せ　(2) させ　(3) たけれ　(4) たがら

くわしい解き方

1・**2**の「れる・られる」の識別は、高校入試ではよく出題されている。本冊48ページの上段のワンポイント・アドバイスでもまとめてあるが、四つの意味の違《ちが》いは確実に覚えておくこと。(4)のように「先生」とあれば尊敬と思いがちだが、「先生に〜される」で受け身を表している。

2 (1)は受け身。**イ**は自発、**ウ**は尊敬、**エ**は自発。(2)は可能。**ア**は受け身、**イ**は尊敬、**ウ**は自発。(3)のaは自発で、bは可能。**ア**は可能、**イ**は受け身、**ウ**は自発、**エ**は尊敬。

3 (1)(2)は連用形、(3)は仮定形、(4)は未然形が入る。

> **解法のテクニック**
> **れる／られる｝の四つの意味は、入試で要注意**

21 活用がある付属語 (3) ―助動詞③―

解答（ページ50・51）

1 (1) なら　(2) で　(3) だろ　(4) でしょ　(5) でし

2 (1) そうな　(2) そうだっ　(3) そうに　(4) そうで

3 イ

4 (1) ようなら　(2) ようで　(3) ようだっ

5 ウ

くわしい解き方

1 (1)は仮定形、(2)と(5)は連用形、(3)と(4)は未然形が入る。(1)〜(3)は「だ」、(4)(5)は「です」を入れることに注意する。

2 (1)は連体形、(2)〜(4)は連用形が入る。(1)〜(3)は様態の意味で、(4)は伝聞になる。接続の違いが意味の違いになる。

3 「行くそうだ」は、「終止形＋そうだ」だから伝聞になる。**イ**以外は、「そうだ」の上の活用形は連用形であるから、様態の意味になる。

4 (1)は仮定形、(2)(3)は連用形が入る。仮定形「ようなら」は、「ば」をつけないでも仮定の意味を表す。「だ」「た」などの仮定形も同じ。(1)は推定で、(2)(3)はたとえになる。「まるで・あたかも・ちょうど」などの言葉が文中にあれば、「ようだ」はたとえと考えてよい。

5 ウの文中には「まるで」とあり、幼児の手を紅葉にたとえている。**ア**・**イ**・**エ**は推定になる。推定の場合は、「たぶん〜ようだ」と言える場合が多い。

> **解法のテクニック**
> **ようだ＜推　定→たぶん〜ようだ**
> **　　　　たとえ→（まるで　あたかも　ちょうど）〜ようだ**

22 活用がある付属語(4) ―助動詞④―

解答 (ページ52・53)

1 (1) らしかっ (2) らしく
2 (1) イ (2) イ (3) ア (4) ア (5) イ
3 らしい―推定　られ―可能　まい―打ち消しの推量
4 (1) ア (2) イ
5 (1) ね (2) ず

くわしい解き方

1 いずれも連用形が入る。「らしかっ」か「らしく」かは、下に続く言葉によって決まる。日本語として不自然でないほうを入れるようにする。(2)のように、連用形でいったん中止して、また続けることを、中止法という。

2 「う・よう」が意志の意味になるときには、話し手の強い気持ちが表れる。

3 単語に区切ると、
台風/が/上陸する/らしい/の/で、/彼/は/来/られ/まい。

となる。――線部が助動詞。「られ」は、「~できる」と可能を表し、「まい」は、「~ないだろう」と打ち消しの推量を表している。

4 「ない」は、助動詞と形容詞に分かれるが、ウの「少ない」やオの「危ない」のように形容詞の一部になっている場合もある。助動詞の「ない」は「ぬ」と置き換《か》えることができる。また、付属語であるから、文節の初めにはこない。また、形容詞は、(1)のイの「ひとつもない」、エの「差はない」、(2)のイの「ことはない」などのように、「ない」の前に「は」や「も」がある(補える)場合が多い。

5 (1)は仮定形、(2)は連用形が入る。

解法のテクニック

ない＜助動詞→「ぬ」に言い換えられる
　　　形容詞→「はない」「もない」の形

23 活用がある付属語(5) ―助動詞⑤―

解答 (ページ54・55)

1 (1) だら (2) たろ (3) だ
2 (1) a ウ　b ア (2) a ア　b イ (3) ウ (4) a ア　b エ (5) イ (6) a イ　b ア
3 (1) ましょ―未然形 (2) ませ―未然形 (3) ます―終止形 (4) ませ―命令形 (5) まし―連用形
4 (1) だっ・た・ませ・ん・でしょ・う (2) ように・れ・そうに・た・でし

くわしい解き方

1 (1)は仮定形、(2)は未然形、(3)は連体形が入る。完了の「た」は、動詞の音便(1)の「遊ん」は撥《はっ》音便《おんびん》、(3)の「泳い」はイ音便)の場合、「た」が「だ」となることがある。

2 「完了《かんりょう》」とは、動作や状態が完全に終わっていることをいう。したがって、時間とは無関係で、過去・現在・未来のいつでも完了の状況《じょうきょう》は生まれる。一方、「過去」は、現在を起点に時間的に過ぎ去ったことをいう。つまり、現在より前にあったことを述べるのが「過去」である。完了は「ついに~た」、過去は「すでに~た」と言い換えられる場合が多い。なお、存続は、「~ている・~てある」と言い換えられる場合が多い。断定の「だ」は、体言か助詞の「の」につく。

3 (1)の「ましょう」の「う」は、意志の助動詞。(2)の「ません」の「ん」は打ち消しの助動詞。(3)の「出発します」の「出発し」はサ変動詞「出発する」の連用形。(5)の「きました」の「き」はカ変動詞「くる」の連用形。「た」は過去の助動詞。

4 それぞれの助動詞の意味と活用形は、次の通り。
(1) だっ―断定・連用形　た―過去・終止形
ませ―丁寧・未然形　ん―打ち消し・終止形
でしょ―断定・未然形　う―推量・終止形
(2) ように―たとえ・連用形　れ―受け身・連用形
そうに―様態・連用形　た―過去・連体形
でし―断定・連用形

解法のテクニック

た―完了→ついに~た
　―過去→すでに~た
　―存続→~ている

24 活用がない付属語(1) —助詞①—

解答 (ページ56・57)

1 (1) の・で・が・て (2) が・ので・に・を (3) と・に・も・へ・かしら (4) けれども・ば・か (5) は・へ・を・て

2 (1) ウ (2) イ (3) エ (4) ア

3 (1) エ (2) ア (3) カ (4) オ (5) キ (6) ウ (7) イ

4 (1) イ (2) エ (3) ウ (4) ア

5 (1) エ (2) イ (3) ウ (4) ア

くわしい解き方

1 (1)の「きれいに」は、形容動詞「きれいだ」の連用形。(2)の「ので」は一語の接続助詞。(3)の「いっしょに」は、「いっしょ」で名詞、「に」は格助詞。「行こう」の「う」は助動詞。「かしら」は終助詞。(4)の「けれども」は接続助詞。「間に合う」は動詞。(5)の「願っている」の「て」は接続助詞で、「願って」と「いる」は補助の関係を表す。

2 ここから59ページの4までは、60・61ページの「助詞の用例集」を参考にしながら解いていくとわかりやすいので、ぜひ活用して欲《ほ》しい。(1)は「私の(もの)だ」といえるから体言の代用。(2)は「が」に置き換《か》えられるから主語。(3)は「寒い」と「寒くない」と並べている。(4)の「桜の」は「花が」に係る連体修飾《しゅうしょく》語。格助詞では、「の」だけが連体修飾語のはたらきをする。

3 (1)は、結果として選手になったことを表す。(2)は、四時など、時刻を表している場合だけでなく、四月など、時期を表している場合でも、助詞のはたらきでは「時間」に含《ふく》まれる。(3)は、笑われた対象が弟。(4)は、「行く」目的が「泳ぎ」ということ。(5)は、酔《よ》った原因が勝利したこと。(6)は、場所と誤りやすいが、着いた所が羽田であったということで帰着点となる。(7)は集まった場所が広場。

4 (1)は、なった結果が成人。(3)は思っている内容が引用されている。引用の場合は、「 」でくくられている場合が多いが、「 」がなくても、「…と思う」などと引用文が示されていることもあるから注意する。

5 (1)のように「〜でいる・〜ている」とあれば補助の関係と考えてよい。(2)(知っているにもかかわらず教えない…)のように、接続助詞をはさんで前後がイコールで結ばれていない場合は逆接という。(3)は、歯をみがくことと顔を洗うことが並んでいる。(4)は、暗いために見えないと、前後がイコールで結ばれている場合は順接という。

解法のテクニック

接続助詞
- 順接—順当な結果がくる。
- 逆接—順当な結果がこない。

25 活用がない付属語(2) —助詞②—

解答 (ページ58・59)

1 (1) エ (2) イ (3) ウ (4) ア

2 (1) ウ (2) エ (3) ア (4) イ (5) ア

3 (1) イ (2) エ (3) ア (4) ウ

4 (1) オ (2) イ (3) ア (4) エ (5) ウ

くわしい解き方

1 (1)「その本も」は、「その本」は他の本の中の一部であることが、「も」によって表されている。(2)「その本でも」は、不特定の中から「その本」が例として選ばれたものであることが、「でも」によって表されている。(3)「その本くらい」は、最低限その本程度のものはという意味が、「くらい」によって表されている。(4)「その本こそ」は、「その本」を強調していることが、「こそ」によって表されている。

2 (1)は、せきに熱が加わっている。(2)は、勝つことだけを願っている。(3)は、小学生以上なら分かる。(4)は、例としてジュースを出している。(5)は、大人以下なら解けないということが推《お》しはかられる。

3 (1)は、できないということを示している。(2)は、雨が降っているのでがっかりしている。(3)は、相手に質問している。(4)は、優勝したことを喜んでいる。

4 (1)は、相手に対し同意を得ている。(2)は、怒《おこ》っている。「感動」とは、うれしいことだけでなく、喜怒哀楽《きどあいらく》のすべての感情が感動になる。(3)は、友に話しかけている。(4)は、動物いじめを絶対するなと主張している。(5)は、再び同じ失敗をしないように注意している。

解法のテクニック

助詞のはたらきは、その助詞の前後から判断せよ。

◇入試問題で力だめし ④

解答（ページ62・63）

1 (1) ア

(2) 説明できないというのが

(3)

持たさ	れ	て	いる
動詞 未然形	助動詞 連用形	助詞	動詞 連体形

の	で	あろ	う	か
助詞	助動詞 連用形	動詞 未然形	助動詞 終止形	助詞

(4) a 助詞　b 助動詞

(5) c　品詞―ア

(6) a 接続助詞　b 助動詞　c 副助詞　d 形容詞

2 (1) エ　(2) ウ　(3) イ

3 (1) イ　(2) ウ　(3) イ　(4) イ

くわしい解き方

1 (1) 単語に区切ると「見つけ／られ／ず」となる。「見つけ」は、下一段動詞「見つける」の未然形。「られ」は、可能の助動詞「られる」の未然形。「ず」は、打ち消しの助動詞「ぬ」の連用形。(2)を単語に区切ると「説明／でき／ない／と／いう／の／が」となる。「ない」は、「ぬ」に言い換えられるから助動詞になる。「と」は、引用の格助詞。「の」は「こと」に置き換えられるから、体言の代用を表す格助詞。「が」は、格助詞。(3)は、助動詞の活用形まで答えさせるのでやや難問。ただし、動詞のところで出てきた、それぞれの活用形の下に続く語（本冊22ページ参照）を思い出すと、ある程度の応用はきく。「持たさ」は、五段動詞「持たす」の未然形。「れ」は、受け身の助動詞「れる」の連用形。「で」は、断定の助動詞「だ」の連用形。「う」は、推量の助動詞「う」の終止形。(4)の「くらい」は、程度を表す副助詞。「らしい」は、推定の助動詞。(5)のcは動詞で、他は助動詞。(6)のbとdの「ない」の違《ちが》いに注意する。「ぬ」と言い換えることができれば、助動詞である。「～はない・～でない」など、「ない」の上に助詞があれば、形容詞になることも覚えておく。

2 (1)「進んだ」の「進ん」は撥音便《はつおんびん》（本冊23ページ参照）のため、過去の助動詞「た」が濁音化《だくおんか》したもの。アは、「大切だ」で形容動詞。イは「そうだ」で助動詞。ウは、断定の助動詞。エは、「泳い」がイ音便のため、「た」が「だ」に濁音化している。(2)は、「～に～れる」とあるので、「れる」は受け身の助動詞。アは自発、イとエは尊敬の助動詞。ウは、「パーティーに招かれる」のパターン。(3)の「ない」は、これまで何度も出てきている。識別語としては最も出題数が多い。「ぬ」と言い換えられたら助動詞。ア・ウ・エは、ともに「ない」の上に助詞があるから形容詞。

3 (1)は、「呼吸が合う」と言い換えられるので、主語を表している。イだけが「が」といえる。アとエは体言の代用。(2)のア・イ・エは主語。ウは、「好き」の対象が「あなたのこと」になる。(3)の「と」は、「鋭《するど》い嘴《くちばし》」と「黄金色の瞳《ひとみ》」が並立《へいりつ》になっている。イは「ケーキ」と「贈《おく》り物」が並立。(4)は、「仰天《ぎょうてん》する」原因・理由が『乱暴』な振《ふ》る舞《ま》い」ということ。アは、「きれいに」で形容動詞「きれいだ」の連用形。イは、「まいった」原因・理由が「暑さ」。ウは、「そうに」で様態の助動詞「そうだ」の連用形。エは、接続助詞「のに」の一部で、確定の逆接を表している。

解法のテクニック

ない＜「ぬ」と言える→助動詞
「ない」の上に助詞→形容詞

26 敬語の種類(1)

③ 敬語

解答（ページ64・65）

1 (1) イ　(2) イ　(3) ア　(4) ウ　(5) イ　(6) イ

2 (1) オ　(2) ア　(3) イ　(4) ウ　(5) エ

3 (1) 召し上がる　(2) いらっしゃい　(3) くださっ　(4) おっしゃっ　(5) あなた　(6) お読みになった（読まれた）

4 (5)・れる・尊敬（語）

くわしい解き方

1 先生は、敬語の対象になる。(1)父や母など、身内が話したことを先生に伝える場合は、「父が〜と申していました」のように、謙譲《けんじょう》語を使う。(6)会社内で上司のことを話す場合は尊敬語を使うが、社外の者と話す場合は、社長といえども身内に当たるので、「社長が〜と申しています」のように、謙譲語を使う。

2 (2)の「いらっしゃる」は、「行く・来る・いる」と幅広く使われる。

3 ——線部の下の言葉に続くように、答え方に注意する。(6)は、「お〜になる」の形。下の「本」に続けるためには、「お読みになった」まで答える。

4 尊敬の助動詞「れる・られる」の問題。尊敬以外に、受け身・可能・自発の意味があることに注意する。(1)は可能、(2)は受け身、(3)は自発、(4)は受け身。(3)と(4)に、ふつうなら尊敬の対象になる先生が出てくるが、先生が思い出したり、怒《おこ》られたりしているわけではないので、尊敬にはならない。(5)の「れる」は尊敬の助動詞「れる」の連体形。

解法のテクニック

身内には尊敬語を使わない。

27 敬語の種類(2)

解答 (ページ66・67)

1 (1) **ウ** (2) **オ** (3) **ア** (4) **ケ**
(5) **キ** (6) **ク** (7) **カ** (8) **エ**
(9) **イ**

2 (1) 参り(うかがい)
(2) a お目にかかり(お会いし)
b 申し
(3) いたし
(4) a 拝見し b いただい

3 (1) 非常口がございます。
(2) キリンがおります。
(3) リンゴです。
(4) 降ります。

4 **イ**

5 **エ**

くわしい解き方

1 「聞く」の謙譲《けんじょう》語は、「うかがう」「承《うけたまわ》る」と二つあるが、「うかがう」は「行く・来る」も含《ふく》むことに注意する。

2 (1)は、「参り」と「うかがう」の二つの直し方がある。(2)aは、「お目にかかり」と「お〜する」の表現のしかたの「お会いし」でもよい。

3 (1)を「非常口があります」、(2)を「キリンがいます」、(3)を「リンゴでございます」では、設問の条件に合わない。

4 **ア・ウ・エ**は尊敬語で、**イ**は謙譲語である。

5 「なさる」は「する」の尊敬語。**ア・ウ**は丁寧語。**イ**は謙譲語。**エ**は「食べる」の尊敬語である。

解法のテクニック

敬語表現は一つとは限らない。

行く{うかがう／参る
会う{お目にかかる／お会いする
聞く{うかがう／承《うけたまわ》る／お聞きする
など

◇入試問題で力だめし⑤

解答 (ページ68・69)

1 (1) いらっしゃる(おいでになる・来られる)
(2) うかがい
(3) ①いただく ②うかがう ③拝見する ④申し上げる

2 (1) **ア** (2) **エ**

3 (1) おっしゃって
(2) いらっしゃる(おいでになる)
(3) 召し上がっ
(4) うかがった(承った・お聞きした)
(5) 申し(申し上げ)
(6) いただいた
(7) うかがった(参った)
(8) お目にかかった(お会いした)

4 ご自宅にいらっしゃる(おいでになる)時、遊びにうかがう(参る)

5 イ

6 (1) ア　(2) ウ　(3) ウ　(4) ア　(5) イ

くわしい解き方

1 (1)は、先生への敬語だから尊敬語を使う。尊敬の助動詞「られる」を使った「来られる」でもよい。(2)は、①②ともに謙譲語を使う。「行く・来る・聞く」は、いずれも「うかがう」になる。(3)は、指定された字数は必ず守らなければならない。③④は、指定字数で答えるためには漢字を使う。「申し上げる」は、「申しあげる」でもよい。

2 (1)の「いただき」は謙譲語。アの「うかがい」が謙譲語。イの「召し上がっ」、ウの「おっしゃっ」は尊敬語。エの「おいでになり」は、「お～になる」の形の尊敬語。(2)の「いらっしゃる」は、「行く・来る・いる」の尊敬語になる。ア・イ・ウは「来る」の尊敬語。エは「いる」の尊敬語。エが「正午までに学校にいらっしゃる」となると「来る」の尊敬語になる。

3 ——線部の後の語に続く答え方をするよう細心の注意を払《はら》うこと。(1)は助詞の「て」も含《ふく》まれているが、(3)は「食べ」だけである。(1)～(8)は入試などでよく出題されるものばかりだから、すべての敬語が言い換《か》えられるようにしておくこと。(7)の「行く」の謙譲語に「参る」もあるが、「うかがう」を第一に答えられるようにしておく。(4)と(8)は、「お～する」という表現のしかたもあるが、「うかがう・お目にかかる」を第一に答える。

4 先生への敬語だから、「いる」と「行く」を尊敬語に改める。「遊び」を「お遊び」などとしない。

5 先生への敬語だから、身内であるお母さんへは謙譲語を使う。アの「おっしゃる」は、母への尊敬語になる。ウの「うかがう」は、先生の動作に謙譲語を使っている。エの「お言いになる」は、尊敬の「お～になる」の形。母に使うのは不適切。

6 (1)は、父は身内だから「いる」の謙譲語の「おる」を使う。(2)は、お客様への敬語だから尊敬語の「お～になる」のウが正しい。(3)は、「どうぞ～ください」という文脈から、尊敬語を使う。(4)のイの「来れ」は、文法的におかしい。助動詞の「れる」は、五段とサ変動詞にしかつかない。したがって、カ変動詞の「来る」の場合は、「来られ」でなくてはいけない。「見れる・食べれる・来れる」などを「ら抜き言葉《ぬ》」といい、文法的には正しい表現とはいえない。ウの「まいれ」は謙譲語。(5)は、「する」の尊敬語は「なさる」だから、イが正しい。ウの「いたす」は謙譲語だから、「ご注意ください」という相手には不適切な言い方である。

解法のテクニック

敬語は、だれに対する敬意か確認せよ。

第2章　まぎらわしい語の識別

④ 品詞の識別

28 品詞識別法 (1)

解答（ページ70・71）

1

(1) 朝<起きる|と、<家|に|は<だれ|も<い|なかっ|た。

(2) 球技大会|で<優勝する<こと|が<でき|て<うれしい。

(3) 遊園地|は、<人<また<人|で<たいへん<混雑し|て<い|た。

(4) あらゆる<国|が<注目し|て<いる<国際会議|が<始まっ|た。

(5) まるで<雪|が<降っ|た|ように、<辺り|は<真っ白だ。

2

	自立語	付属語
(1)	朝・起きる・家・だれ・い	と・に・は・も・なかっ・た
(2)	球技大会・優勝する・こと・でき・うれしい	で・が・て
(3)	遊園地・人・また・たいへん・混雑し・い	は・で・て・た
(4)	あらゆる・国・注目し・いる・国際会議・始まっ	が・て・た
(5)	まるで・雪・降っ・辺り・真っ白だ	が・た・ように・は

③

	自立語 活用がある	自立語 活用がない
(1)	起きる・い	朝・家・だれ
(2)	優勝する・でき・うれしい	球技大会・こと
(3)	混雑し・い	遊園地・人・また・たいへん
(4)	注目し・いる・始まっ	あらゆる・国・国際会議
(5)	降っ・真っ白だ	まるで・雪・辺り

	付属語 活用がある	付属語 活用がない
(1)	なかっ・た	と・に・は・も
(2)	／	で・が・て
(3)	た	は・で・て
(4)	た	が・て
(5)	た・ように	が・は

くわしい解き方

① 文節に区切る場合、「ネ」を入れると分かりやすい。文節の最初には自立語（助動詞・助詞以外の品詞）がくる。ということは、文節の途中《とちゅう》には自立語が絶対にこない、ということを頭に入れながら、文節に区切るとよい。(1)の「朝 起きると」は二文節になる。「いなかった」の「い」は、終止形が「いる」の動詞。(2)の「優勝する」で一語になる。(3)の「たいへん 混雑して いた」で三文節。(4)の「あらゆる 国が」で二文節。「注目して いる」で二文節。(5)の「降ったように」で一文節。「真っ白だ」で一語の形容動詞。

② 自立語は文節の最初にきて、付属語は文節の最初にこないということさえ押《お》さえておけば分けられる。(1)の「家には」は「に｜は」で二語の付属語。(1)の「いなかった」、(3)の「混雑していた」、(4)の「注目している」、「始まった」、(5)の「降ったように」は、単語の区切り方に注意する。

③ 自立語の(1)・(3)の「い」の終止形は「いる」。(3)の「混雑し」の終止形は「混雑する」。(4)の「注目し」は「注目する」。(5)の「真っ白だ」は、「真っ白だ・～に・～で・～な」などと活用する。(1)の付属語「なかっ」の終止形は「ない」。「いなかった」で一文節になるから、ここの「ない」は自立語ではない。

解法のテクニック

品詞の識別は、単語を〔自立語／付属語〕に分けてから活用の有無を確認せよ。

29 品詞識別法 (2)

解答 （ページ72・73）

① (1) なかっ・た　(3) た　(4) た　(5) た・ように　品詞名―助動詞

② (1) と・に・は・も　(2) で・が・て　(3) は・で・て　(4) が・て　(5) が・は　品詞名―助詞

③ (1) 起きる・い　(2) 優勝する・でき・うれしい　(3) 混雑し・い　(4) 注目し・いる・始まっ　(5) 降っ・真っ白だ

④ 形容詞―うれしい　形容動詞―真っ白だ　その他の品詞―動詞

⑤ (1) 朝・家・だれ　(2) 球技大会・こと　(3) 遊園地・人　(4) 国・国際会議　(5) 雪・辺り

⑥ たいへん・まるで

⑦ あらゆる

⑧ また

くわしい解き方

①・②・③ 前ページ③の再確認。

④ 終止形に注目する。形容詞は「～い」、形容動詞は「～だ・です」になる。「真っ白だ」を、「真っ白」と「だ」に分けて、名詞＋助動詞としないこと。「～だ・～に・～で・～な」と言えたら、形容動詞になる。形容詞と形容動詞以外の用言といえば、動詞しかない。

5 (1)の「だれ」は代名詞。(2)の「こと」は形式名詞。

6 (3)の「たいへん」は「いた」を修飾《しゅうしょく》している副詞。(5)の「まるで」は下の「ように」と呼応している副詞。

7 連体詞は体言しか修飾しない。「あらゆる」は「国が」の文節を修飾している。

8 「また」は並立《へいりつ》・累加《るいか》の接続詞。

> **解法のテクニック**
> 活用がある品詞｛動詞・形容詞・形容動詞・助動詞｝は、終止形に直して識別せよ。

◇入試問題で力だめし⑥

解答（ページ74・75）

1 (1) 単語—与える　品詞名—動詞

(2)

ない	こと	も	なかっ	た
形容詞	名詞	助詞	形容詞	助動詞

2 (1) イ・エ　(2) オ

(3) ① オ　② イ　③ ア　④ キ　⑤ ウ

3 (1) ア　(2) エ　(3) ウ

4 (1) エ　(2) ウ　(3) ア—助動詞

(4) イ—動詞

くわしい解き方

1 (1)は、「自然／に／大きな／変動／を／与《あた》える／こと／は／なかっ／た／ように」の11単語になる。「与える」は、終止形がウ段で終わるから動詞である。(2)の「ない」も「なかっ」も文節の最初にあるから、形容詞になる。

2 (1)の**ア**は連体詞、**ウ**は副詞である。付属語は文節の最初にはこない。**イ**も**エ**も助詞。(2)の**オ**以外は副詞。**オ**は、終止形が「速かだ」の形容動詞。(3)の⑤は、終止形が「のどかだ」の形容動詞。形容動詞は、「だ・に・で・な」と活用することを覚えておくこと。

3 (1)の「悔《くや》しく」は形容詞。**イ**は名詞。**ウ**は、泣きながらという意味を表す副詞。**エ**は形容動詞。**オ**は副詞。(2)の「太く」は形容詞。**ア**は副詞、**イ**は動詞、**ウ**は助動詞。(3)の「さえ」は助詞。**ア**は形容動詞「ふしぎな」の活用語尾。**イ**は副詞。**エ**は助動詞。

4 (1)の**エ**は形容詞で、他は名詞。(2)の**ウ**は副詞で、他は連体詞。(3)の**ア**以外は形容詞。(4)の**イ**以外は助動詞。

> **解法のテクニック**
> ｛～だ・～に／～で・～な｝といえたら形容動詞。

30　⑤ 同形語の識別
「ない」「れる・られる」「の」「で」の識別

解答（ページ76・77）

1 (1) エ　(2) Aイ　Bオ

2 ウ

3 aア　bイ

4 イ

くわしい解き方

1 (1)の**エ**以外は、「ぬ」と置き換《か》えられる助動詞。**エ**は、上に「は」という助詞があるから形容詞。(2)の——線部の「いない」は「いぬ」と置き換《か》えられるから助動詞。Aの**ア**は形容詞、**ウ**の「ない」の直前の「しか」は助詞だから、ここの「ない」も形容詞。**エ**は「少ない」で一語の形容詞、**オ**は上に「の」という助詞があるから形容詞。なお、**エ**のように、形容詞の中に、「つまらない・汚《きた》ない・はかない・危ない・幼い・切ない」など、形容詞の一部として「ない」が含《ふく》まれることもあるので、前後をよく見て判断することが必要である。

2 ——線部は、「だれかに呼びかけられて」と言えるから受け身。**ア**は、「自然と思い出される」と言えるから自発。**イ**は、「見ることができる」と言えるから可能。**ウ**は、「だれかに捨てられて」と言えるから受け身。**エ**は「先生がお思いになる」と言えるから尊敬。

3 aは「うつりがよい」、bは「おさめることも」と置き換えられるから、aは主語、bは体言の代用。**ア**は、「彼が食べた」だからaと同じ。**イ**は、「食べたものは」だからbと同じ。**ウ**は、「本」という体言を修飾《しゅうしょく》している連体修飾語。エは、「その」で一語の連体詞。

④ ——線部の「準備で」の「で」は、原因・理由を表す格助詞。アの「静かで」は、形容動詞「静かだ」の連用形。イの「暖かさ」は、形容詞「暖かい」の語幹に、名詞を作る接尾語がついたもの。したがって、「暖かさ」で名詞になる。ここの「で」は、原因・理由を表す格助詞。ウは、「小学校」という体言に続いている格助詞だが、ここでは場所を表している。エは、「読ん」という音便に続いているので接続助詞。

解法のテクニック

〈ない／れる・られる／の／で〉が、
入試の識別語のベスト4。
識別法を必ずマスターせよ！

31 「に」「さえ」「ながら」「ばかり」の識別

解答（ページ78・79）

① (1)エ (2)エ
② ウ ③ イ ④ ①ア ②エ

くわしい解き方

① (1)の「学校に」の「に」は、場所を表す格助詞。格助詞の「に」には、七つほどのはたらきがあるので、本冊60ページで確認しておくこと。ただし、暗記する必要はなく、「に」の前後のつながりから判断するようにする。アは「そうに」で様態の助動詞「ようだ」の連用形。イは「すでに」で副詞。ウは「きれいに」で形容動詞「きれいだ」の連用形。エは対象を表す格助詞。(2)の「絵画に」の「に」は、対象を表す格助詞。アの「きれいに」は形容動詞。イの「ように」はたとえの助動詞「ようだ」の連用形。ウの「すでに」は副詞。エの「科学技術に」の「に」は、対象を表す格助詞。

② 「かかっているとさえ」の「さえ」は、「かかっているともいえよう」と置き換えられるので、他を類推する副助詞。アは「そのうえ雨さえ降ってきた」と補えるので添加《てんか》。イとエは「さえ～ば」の形だから限定。ウは「見ようともしない」と置き換えられる。

③ 「風を見ながら」は、「風を見ながら同時に～」と補える。アは「子どもながらしかし～」と補えるから逆接。イは「同時に」が補える。ウは「昔のままの町並」と言えるから接尾語。エは「及《およ》ばずながらしかし～」と言えるから逆接。

④ ①の「ばかり」は、「だけ」と言えるから限定。②は、「たった今死なせたばかり」と補えるから「間もない形態」のはたらき。アは「だけ」と言える。イは「五分ほど」と言えるから程度。ウは「今にも泣かんばかり」と補えるから「今にもしようとする」はたらき。エは「たった今」が補える。

解法のテクニック

同形語の識別には、
〔言い換えの言葉／補える言葉〕が武器になる。

32 「から」「ある」「らしい」「な」「そうだ」の識別

解答（ページ80・81）

① イ ② エ ③ イ ④ イ
⑤ イ ⑥ オ

くわしい解き方

① イの「から」は、「ので」と言えるので接続助詞で、他は格助詞。ア・ウの「から」は起点、エは原因・理由を表している。

② 「ある」が述語で「能力が」が主語の文節。アは連体詞、イは「～である」、ウは「～てある」と補助動詞になっている。エは「本店は～ある」で主語・述語の関係。「能力がある」、エ「東京にある」と、「ある」の直前が「が」「に」であることも、決め手になる。

③ 「どうやら眠《ねむ》っているらしい」と補えるので、「らしい」は助動詞、アは「いかにもかわいらしい」、ウは「いかにもわざとらしい」とあるので形容詞。イは、「どうやら母親似らしい娘《むすめ》」と補えるので、助動詞になる。

④ 「大きだ」と言えないので連体詞。「大きい」は形容詞であるから混同しないよう注意する。アは助動詞「ような」、ウは形容動詞「静かだ」の連体形。エは文末にあるから、禁止を表す終助詞。イの「いろんな」は「いろんだ」と活用しないから連体詞。

⑤ 「悲しそうだ」か「悲しいそうだ」かで決まる。ここは、「悲し」と形容詞の語幹だから、「そうだ」

は様態の助動詞。選択肢《せんたくし》のうち、「そうだ」の前が連用形なのは、イの「勝て」（「勝てる」の連用形）だけ。他は終止形である。

6　ちょっとした応用問題。「ありそうにない」の「そうに」は、助動詞「そうだ」の連用形。「あり」は動詞「ある」の連用形だから、「そうに」の意味は様態になる。アは感動詞。イは「なる」が終止形だから、伝聞の助動詞。ウ・エの「そう」は副詞。ウの「で」は、断定の助動詞「だ」の連用形。エの「だ」は終止形。オの「かかり」は「かかる」の連用形だから、「そうで」は様態の助動詞。

解法のテクニック

ある＜動詞／連体詞

大きな―連体詞
大きい―形容詞

二つの違《ちが》いの識別法は覚えよう。

33　「が」「だ」「う・よう」「れ」の識別

解答（ページ82・83）

1　㋐b・c　㋑a・c　**2**　ウ　**3**　ウ　**4**　ウ　**5**　ア

くわしい解き方

1　aは、文節の最初にあるから接続詞。「しかし」などと同じ逆接。bは、主語を表す格助詞。cは、断定の助動詞「だ」の終止形についているから、接続助詞で、逆接を表す。

2　「二年ぶりだ」の「ぶり」は、日時の過ぎ去った程度を表す接尾語。「二年ぶり」で体言になる。「体言＋だ」だから、「だ」は断定の助動詞。アは、「叫ん」は撥音便《はつおんびん》だから、ここの「だ」は、過去の助動詞「た」が濁音《だくおん》化したもの。イは「そうだ」で一語の助動詞。ウは、「体言＋だ」で、「だ」は断定の助動詞になる。エは「きれいだ」で形容動詞。

3　「走ろう」の「う」は、「ぜひ走ろう」と言えるから意志の助動詞。ア・イ・エは意志。ウは、「きっと一瞬《いっしゅん》のことだったろう」と言えるから推量になる。異なる意味・用法のものを答えることに注意する。

4　「脱《だっ》しよう」は意志。イは推量の助動詞。ア・エは、「ようだ」で一語の助動詞。

5　「ずっと使われてきた」は、文中にはないが、「だれかに」という語を補えるから受け身。アは、「友人に注意された」だから受け身。イは、「行くことができる」と言えるから可能。ウは、「自然と思われた」と言えるから自発。エは、先生の行為《こうい》に対してだから尊敬になる。

解法のテクニック

識別語は入試で出題されやすい。繰《く》り返し練習して身につけよう。

◇入試問題で力だめし　⑦

解答（ページ84・85）

1　(1)イ　(2)イ
2　(1)ウ　(2)①ア　②ウ
3　ア　**4**　ウ　**5**　イ　**6**　エ
7　イ　**8**　イ
9　(1)①エ　②ア　(2)①イ　②イ

くわしい解き方

1　(1)の「何もない」の「ない」は、助詞「も」が直前にあるから形容詞。イだけが直前に助詞「が」がある。ア・ウ・エの「ない」は「ぬ」と言える助動詞。(2)のア・ウ・オは「ない」が終止形以外の活用形であることに注意する。また、イの「ない」は、「帰宅」に係る連体形である。オも連体形。

活用語を識別させる設問の場合、終止形以外の活用形で出て来ることもあるから要注意。活用形がどうであれ、イ以外は「ぬ」と言えるから助動詞と判断できる。

2　(1)の「呼ばれる」の「れる」は、「～に呼ばれる」と言えるから受け身。アの「思い出される」はよく出てくる自発の言い方である。イは、「着ることができる」と言えるから可能。エは、「校長先生がお話しになる」と言えるから尊敬。ウは「後輩《こうはい》に慕《した》われる」と言える受け身。(2)の①は「死病に取りつかれ」と「に」があるから受け身。②は「自然と思われた」と言えるから自発。なお、選択肢《せんたくし》のアに「受け身」ではなく「受身」とあるが、高校での文法用法としては「受身」が一般《いっぱん》的な表現になっている。

3　アだけが「の」を「が」と言える主語。他は下の体言を修飾《しゅうしょく》している連体修飾語。エの「はず」は、形式名詞（本冊35ページ参照）である。

4　――線部の「静かで」は形容動詞。アの「雨で」

は、原因・理由を表し、イの「ボールペンで」は、材料・手段を表し、エの「三時で」は、時間を表す。ともに、格助詞である。ウの「親切で」は形容動詞。

5 ——線部「瞬間に」の「に」は、時間を表す格助詞。アの「さらに」は、一語の副詞。ウの「自然に」は、「自然な姿」などと言えるから形容動詞。エの「ように」は、助動詞「ようだ」の連用形。

6 ア・イ・ウは、「さえ～ば」の形だから、限定を表す。エは添加《てんか》の用法。

7 ——線部の「ながら」は、「同時に」が補えるので同時の用法。ア・ウ・エは、「ながら」の下に「しかし」を補えるので逆接。イは同時。

8 ——線部「男ばかり」は「男だけ」と言えるから、限定の用法。アは、今にも泣きそうな顔、ウとオは程度、エは間もない状態を表す。イは「友達のことだけ」と言えるから限定。

9 (1)の①の「そうだ」は、「いる」という終止形に接続しているから伝聞。②の「そうな」は「そうだ」の連体形。「不思議」という形容動詞の語幹に接続しているから、様態になる。(2)の①の「郭公《かっこう》らしい」の「らしい」は、「どうやら郭公らしい」と言えるから、推定の助動詞。アは、「いかにも子供らしい」と言えるから、「子供らしい」で形容詞。ウは「いやらしい」で一語の形容詞。②の「だそうだ」は、断定の助動詞「だ」の終止形に、「そうだ」がついているので、伝聞の助動詞。アの「死に」は「死ぬ」の連用形。イの「旅行する」はサ変動詞の終止形。ウの「そうだ」の「そう」は副詞で、それに、断定の助動詞「だ」の終止形がついたもの。

解法のテクニック

{ない／なかっ／なけれ} のように、活用形が違《ちが》う識別問題に注意。

第3章 実戦模擬テスト

34 実戦模擬テスト ①

解答 (ページ86・87)

1 問一 祖母が

問二 ⓐケ ⓑイ ⓒウ ⓓカ ⓔオ ⓕエ

問三 なっ／た／から／で／あろ／う。

2 問一

形容動詞	名詞	助詞	動詞
自然に	他人	の	する

名詞	助詞	形容動詞	動詞
こと	が	愚かに	見え

問二 エ 問三 イ

3 問一 ウ 問二 見るのだが

問三 ⓒ 問四 欲しい

問五 動詞―あっ
活用の種類―五段活用
活用形―連用形

4 問一 エ 問二 ⓓ

問三 くれた 問四 ア

くわしい解き方

1 問一 主語の文節は「～が」の形が多い。

問二 ⓐは「話相手にならヌ」と言えるから助動詞。ⓑは「ない」の連用形。直前に助詞「は」があるから形容詞、ⓒは「しんせつな」が、「～だ・～に・～で」と活用するから形容動詞。ⓓとⓕは、「この・その・あの・どの」は連体詞で、「これ・それ・あれ・どれ」は名詞(代名詞)だから、ⓓは連体詞で、ⓕは名詞。ⓔは「いってくれたが」という連文節を修飾している副詞。

問三 「なった」と「あろう」がそれぞれ二単語であることに注意する。品詞は、「なっ(動詞)・た(助動詞)・から(助詞)・で(助動詞)・あろ(動詞)・う(助動詞)。

2 問一 「自然に」と「愚《おろ》かに」が形容動詞であることを見抜《ぬ》く。

問二 文節は「止まって／しまう」と切れる。補助の関係については、本冊10ページ参照。

問三 「そうだ」の識別は、「終止形＋そうだ＝伝聞」と覚えておけば、ほぼ解決できる。終止形でない活用語が上にあれば、様態の助動詞になる。イだけが形容動詞「静かだ」の終止形で、ア・ウ・エは「そうだ」の上が連用形になっている。

3 問一 推量と意志の助動詞「う・よう」は接続からは区別ができない。推量は「きっと～う・よう」、意志は「ぜひ～う・よう」と言えるかどうかで、識別するしかない。①は意志の助動詞。アとエは助動詞「ようだ」の一部。イは推量の助動詞。

問二 「ちょっと気になって」を、(　)でくくって文を読んでみると、分かりやすい。

問三　ⓒだけが接続詞で、ⓐⓑⓓは助詞。

問四　単語に区切ると、「あっ(動詞)・たら(助詞)・欲《ほ》しい(形容詞)・と(助詞)・思っ(動詞)・た(助動詞)・の(助詞)・だ(助動詞)・が(助詞)」となる。

問五　単語に区切ると、「空頼《そらだの》み(名詞)・も(助詞)・あっ(動詞)・た(助動詞)・の(助詞)・だ(助動詞)」となる。「あっ」は五段活用動詞「ある」の連用形になる。活用の種類と活用形を混同しないように注意する。

❹

問一　「あくる」は連体詞。**ア**・**イ**・**ウ**は連体詞で、**エ**だけが名詞(代名詞)になる。「こそあど言葉」は、名詞(代名詞)・連体詞の他に、副詞や形容動詞にもあるから注意する（本冊39ページ）。

問二　ⓐ・ⓑ・ⓒは五段活用で、ⓓはサ変活用「する」の連用形である。

問三　「ください」は「くれる」の尊敬語。「まし」は丁寧の助動詞「ます」の連用形。この二語の敬意表現を取り除き、過去の助動詞「た」をつけると「くれた」になる。

問四　——線部③は連体修飾語、**イ**は主語の用法、**ウ**は体言の代用、**エ**は並立《へいりつ》の用法になる。

> **解法のテクニック**
>
> **こそあど言葉には、名詞（代名詞）・連体詞**
> **副詞・形容動詞がある。**

35　実戦模擬テスト　②

解答（ページ88・89）

❶　**問一**　ⓐ　**問二**　七(つ)　五番目—い　**問三**　名詞　**問四**　ウ

❷　**問一**　眺めていた　**問二**　i形容詞　ii助動詞　iii形容詞　iv助動詞　**問三**　で　種類—接続(助詞)

❸　**問一**　ウ　**問二**　ⓑ　**問三**　イ　**問四**　行った

❹　**問一**

動詞 連用形	助詞	動詞 連用形	助詞	動詞 連用形	助動詞 連用形	助動詞 終止形
まげ	て	立っ	て	い	まし	た。

問二　ⓓ　**問三**　イ

くわしい解き方

❶

問一　ⓐは連体詞。ⓑ〜ⓓは副詞。

問二　単語に区切ると、「発し・ない・で・は・い・られ・ない」となる。五番目の「い」は、上一段動詞「いる」の未然形。

問三　上一段動詞「報いる」の連用形が名詞化したものである。

問四　副助詞「さえ」には、「他を類推」「限定」「添加《てんか》」の三つのはたらきがある。（識別法は本冊78ページ参照）。——線部③の「さえ」は、「聞いたこともない」と言えるので、他を類推するはたらきである。**ウ**がこれに当たる。**ア**と**エ**は「さえ〜ば」の形だから限定。**イ**は「そのうえ」が補えるから添加。

❷

問一　——線部①は、主語の文節である。したがって、述語の文節を抜《ぬ》き出せばよい。述語は大体が文末にある。二文節で抜き出すのだから、「僕《ぼく》は〜眺《なが》めていた」で主語・述語の関係になっている。「眺めていた」の二文節は、補助の関係になっている。

問二　□□□をうめる前に、ⓐとⓒ、ⓑとⓓの違《ちが》いを押《お》さえておく必要がある。ⓐは「ない」の連用形、ⓒは終止形である。「ない」の識別は、「ぬ」と言い換《か》えられるかどうかで決まる。ⓐは「ぬ」と言えないから形容詞。ⓒは言えるから助動詞であることが分かる。次に、ⓑⓓの「らしい」には、助動詞と形容詞を作る接尾語の二つのはたらきがある（本冊80ページ参照）。「どうやら」が補えたら助動詞、「いかにも」が補えたら形容詞になる。ⓑが形容詞で、ⓓが助動詞になる。この「ない」と「らしい」の識別法をしっかり覚えていると、この問いは答えられる。特に「ない」の識別は、本書でも度々《たびたび》設問に取り上げているし、入試では識別語の出題で断然一位であるから、絶対に暗記しておくこと。

問三　単語に区切ると、「もてあそん(動詞)・で(接続助詞)・いる(動詞)」となる。「で」は、接続助詞「て」が、上の動詞の撥音便《はつおんびん》化で濁点《だくてん》がついて「で」になったものである。

❸

問一 まず単語に区切ると、「助力し（動詞）・て（助詞）・もらえる（動詞）・だろ（助動詞）・う（助動詞）」となる。付属語（助動詞・助詞）は文節の初めにこないから、——線部①は、二つの文節にしか区切れないことになる。

問二 ⓑは五段活用で、ⓐ・ⓒ・ⓓは下一段活用の動詞である。

問三 「れ」は、受け身・可能・自発・尊敬の助動詞「れる」の未然形と連用形にある。識別法は、助動詞「れる」「られる」と同じ方法である（本冊83ページ参照）。——線部②の「れ」は受け身。**ア**は可能、**イ**は受け身、**ウ**は自発、**エ**は尊敬になる。**イ**は、「先生」という敬意を払《はら》う対象があるが、注意を受けたのは先生ではないから尊敬にはならない。

問四 「おうかがいした」のうち、「お〜し」は「お〜する」という敬語表現で、「うかがう」は「行く・来る・聞く」の謙譲語であるから、これらの表現を取り除き、敬意のないものに改め、助動詞の「た」をつけると「行った」となる。

❹

問一 「いました」は、三単語に分けられる。「い」は上一段動詞「いる」の連用形である。動詞の未然形・連用形には一字で一語の動詞になるもの（「出る・経る・似る・見る・来る」など）もあるので注意する。

問二 ⓐ〜ⓒの擬声《ぎせい》語や擬態語は副詞になる。ⓓは形容動詞「さかさまだ」の連用形。

問三 「〜が」「のぼりました」が主語・述語の関係になる。**イ**は「黄いろの塵《ちり》が」と言い換《か》えられるので、これが主語の文節になる。**ア**・**ウ**・**エ**は——線部②の修飾語《しゅうしょく》（部）になっている。

解法のテクニック

一字の動詞に注意する。

例 いる→い—い—いる・いる・いれ・いろ／いよ

36 実戦模擬テスト ③

解答（ページ90・91）

❶ **問一** ⓐイ ⓑア ⓒウ ⓓエ

問二 ウ **問三** 許さないほど

問四 ウ

❷ **問一** エ **問二** ウ

問三 つけ・見・い

問四 ⓐエ ⓑア

❸ **問一** ⓐエ ⓑイ

問二

名詞	助詞	動詞	連体詞
そこ	で	働く	この

名詞	助詞
世界	は、

問三 ⓕ

問四 言葉は

❹ **問一**

(1)	(2)	(3)
いらっしゃい	いる	ア
まし		ウ

問二 ⓓ

問三 いた

くわしい解き方

❶

問一 ⓐとⓑの「ある」、ⓒとⓓの「で」の違いを答える問題。「ある」は、細かく分けると三つになるが、ここは、動詞か連体詞かを見分けられれば答えられる（本冊80ページ参照）。ⓐは、下の「もの」という体言を修飾している連体詞。ⓑは、「〜である」の形だから、細かく分けると補助動詞になるが、選択肢《せんたくし》には動詞しかないので、**ア**と答えるとよい。「で」の識別は、助詞（格助詞・接続助詞）・助動詞・形容動詞に分けられる（本冊77ページ参照）。ⓒは、体言＋断定の助動詞「だ」の連用形。ⓓは、「進ん」が撥音便《はつおんびん》であるから、「音便形＋で」の形で、「で」は接続助詞「て」の濁音《だくおん》化したものだから**エ**になる。

問二 「研究や観察の」と、文節を入れ替《か》えても文意が変わらないから、並立の関係になる。

問三

ほとんど　例外を　許さないほど

係り受けになる。「許さ（動詞）・ない（助動詞）・ほど（助詞）」で一文節である。

問四 「いわゆる」は、「玄人《くろうと》と」を修飾する連体詞である。

❷

問一 「なかに」は、「落ち込《こ》んでいるのは」の二文節（補助の関係）を修飾している。自立語は動詞（用言）「落ち込ん」だから、「なかに」は連用修飾語になる。

問二 「です」は助動詞で、丁寧《ていねい》な断定を表す。

問三 単語に区切ると、「気（名詞）・を（助詞）・つけ（動詞）・て（助詞）・見（動詞）・て（助詞）・

い(動詞)・た(助動詞)」となる。「つけ」は、下一段動詞「つける」の連用形。「見」は、上一段動詞「見る」の連用形。「い」は、上一段動詞「いる」の連用形。

問四　「だ」の識別の問題(本冊82ページ参照)。ⓐは、「撥音便+だ」の形だから、過去の助動詞「た」の終止形が濁音化したもの。ⓑは、「の+だ」の形だから、断定の助動詞「だ」の終止形。

❸

問一　「れる・られる」の識別は、本冊76ページ参照のこと。ⓐは、「考えることができる」と言えるから可能。ⓑは、「(我々《われわれ》に)呼ばれている」と言えるから受け身。**ア**は自発、**イ**は受け身、**ウ**は尊敬、**エ**は可能である。

問二　こそあど言葉の「そこ」と「この」の品詞に注意する。特に、連体詞の「この・その・あの・どの」には要注意。

問三　ⓒ・ⓓ・ⓔは副詞。ⓕは、「世の中」と「世間」の二つを選択している接続詞になる。ただし、「あるいはそうかもしれない」など、「もしかすると」の意味の場合は副詞になる。

問四　「何が」意味したかを考える。一文節であるから、「『世界』という言葉は」では二文節になっているから間違《まちが》いになる。

❹

問一　「いらっしゃい」は「いらっしゃる」の連用形で、「いる」の尊敬語。「まし」は丁寧の助動詞「ます」の連用形。したがって、この二語を取り除《のぞ》き、過去の助動詞「た」をつけると「いた」となる。

問二　格助詞「に」の意味・用法の違いを問う設問。格助詞「に」の用例は本冊60ページ参照のこと。ⓐ〜ⓒは、場所を表し、ⓓは目的を表している。

問三　「おり」は、「おる」の連用形で、「いる」の謙譲語。「まし」は、問一で解説済《ず》み。「おりまし」で敬意表現になっているから、これを取り除き、過去の助動詞「た」をつけると、「いた」となる。

解法のテクニック

こそあど言葉の品詞に注意する。

助動詞の活用

意味	基本形	未然形	連用形	終止形	連体形	仮定形	命令形	主な接続
可能・受け身 自発・尊敬	れる	れ	れ	れる	れる	れれ	れよ・れろ	未然形（五段・サ変）
	られる	られ	られ	られる	られる	られれ	られろ・られよ	未然形（右以外）
使役	せる	せ	せ	せる	せる	せれ	せよ・せろ	未然形（五段・サ変）
	させる	させ	させ	させる	させる	させれ	させよ・させろ	未然形（右以外）
打ち消し	ない	なかろ	なかっ なく	ない	ない	なけれ	○	未然形
	ぬ（ん）	○	ず	ぬ（ん）	ぬ（ん）	ね	○	
打ち消しの推量 打ち消しの意志	まい	○	○	まい	（まい）	○	○	終止形（五段） 未然形（五段以外）
推量・意志 勧誘	う	○	○	う	（う）	○	○	未然形（五段・形容詞・形容動詞）
	よう	○	○	よう	（よう）	○	○	未然形（右以外）
推定	らしい	○	らしかっ らしく	らしい	らしい	（らしけれ）	○	動詞・形容詞の終止形 形容詞の語幹、体言
希望	たい	たかろ	たかっ たく	たい	たい	たけれ	○	連用形
	たがる	たがら たがろ	たがり たがっ	たがる	たがる	たがれ	○	連用形
過去・完了 存続	た （だ）	たろ （だろ）	○	た （だ）	た （だ）	たら （だら）	○	連用形
断定	だ	だろ	だっ で	だ	（な）	なら	○	体言 助詞「の」
	です	でしょ	でし	です	（です）	○	○	
丁寧	ます	ませ ましょ	まし	ます	ます	ますれ	ませ まし	連用形
比《ひ》喩《ゆ》・推定 例示	ようだ	ようだろ	ようだっ ようで ように	ようだ	ような	ようなら	○	連体形 連体詞 助詞「の」
様態	そうだ	そうだろ	そうだっ そうで そうに	そうだ	そうな	そうなら	○	動詞の連用形 形容詞・形容動詞の語幹
伝聞	そうだ	○	そうで	そうだ	○	○	○	終止形

※「れる」「られる」の命令形は「受け身」のみ。

文語文法

◇動詞活用表

活用の種類	例語	語幹	行	未然形	連用形	終止形	連体形	已然形	命令形	その他の例語
四段活用	言ふ	い	ハ行	は	ひ	ふ	ふ	へ	へ	書く・行く・住む・騒ぐ・思ふ
上一段活用	見る	(み)	マ行	み	み	みる	みる	みれ	みよ	着る・似る・干《ひ》る・射る・居《ゐ》る
上二段活用	過ぐ	す	ガ行	ぎ	ぎ	ぐ	ぐる	ぐれ	ぎよ	尽《つ》く・朽《く》つ・恋ふ・老ゆ・閉づ
下一段活用	蹴《け》る	(け)	カ行	け	け	ける	ける	けれ	けよ	(「蹴る」一語だけ。)
下二段活用	受く	う	カ行	け	け	く	くる	くれ	けよ	隔《へだ》つ・憂《うれ》ふ・求む・越《こ》ゆ・愛《め》づ
カ行変格活用	来《く》	(く)	カ行	こ	き	く	くる	くれ	こ(こよ)	(「来」一語だけ。)
サ行変格活用	為《す》	(す)	サ行	せ	し	す	する	すれ	せよ	(「す・おはす」だけ。)
ナ行変格活用	死ぬ	し	ナ行	な	に	ぬ	ぬる	ぬれ	ね	(「往《い》ぬ・去《い》ぬ・死ぬ」だけ。)
ラ行変格活用	有り	あ	ラ行	ら	り	り	る	れ	れ	(「あり・をり・はべり・いまそかり」だけ。)
主な接続語				ズ	タリ	○	トキ	ドモ	(ヨ)	

◇形容詞活用表

活用の種類	例語	語幹	未然形	連用形	終止形	連体形	已然形	命令形	その他の例語
ク活用	よし	よ	く から	く かり	し	き かる	けれ	かれ	明《あか》し・多し・暗し・寒し・白し・高し・なし・早し・細し
シク活用	美し	うつく	しく しから	しく しかり	し	しき しかる	しけれ	しかれ	うれし・恐ろし・悲し・苦し・恋し・寂し・楽し・をかし
主な接続語			ハ・ズ	ナル・ケリ	○	トキ	ドモ	(ヤ・ヨ)	

◇形容動詞活用表

活用の種類	例語	語幹	未然形	連用形	終止形	連体形	已然形	命令形	その他の例語
ナリ活用	静かなり	しづか	なら	なり に	なり	なる	なれ	なれ	哀《あは》れなり・麗《うら》らかなり・穏《おだ》やかなり・艶《つや》やかなり・遥《はる》かなり
タリ活用	堂々たり	だうだう	たら	たり と	たり	たる	たれ	たれ	堂々たり・騒然たり・遅《ち》々《ち》たり・荒涼たり・漫々《まんまん》たり
主な接続語			ズ	ケリ・ナル	○	トキ	ドモ	(ヤ・ヨ)	

◇主な助動詞の活用表

助動詞	主な意味	未然形	連用形	終止形	連体形	已然形	命令形
き	過去〔〜た〕	(せ)	○	き	し	しか	○
けり	過去〔〜た〕・詠嘆〔〜たなあ・ことよ〕	(けら)	○	けり	ける	けれ	○
る	受け身〔〜れる・られる〕・自発〔自然に〜する〕・可能〔〜できる〕・尊敬〔お〜になる・なさる〕	れ	れ	る	るる	るれ	れよ
らる		られ	られ	らる	らるる	らるれ	られよ
す	使役〔〜させる〕・尊敬〔お〜になる・なさる〕	せ	せ	す	する	すれ	せよ
さす		させ	させ	さす	さする	さすれ	させよ
ず	打ち消し〔〜ない〕(否定)	ず ざら	ず ざり	ず	ぬ ざる	ね ざれ	ざれ
ぬ	完了〔〜てしまう〕・強意〔きっと〜する〕	な	に	ぬ	ぬる	ぬれ	ね
たり	完了〔〜てしまう〕・存続〔〜ている・てある〕	たら	たり	たり	たる	たれ	たれ
む(ん)	推量〔〜だろう〕・意志・願望〔〜う・たい〕・勧誘・適当〔〜のがよい〕・仮定・婉曲《えんきょく》〔もし〜したら〜ような〕	(ま)	○	む(ん)	む(ん)	め	○
べし	推量〔〜だろう〕・意志〔〜う・たい〕・適当・当然〔〜のがよい〕・義務・命令〔〜せよ〕・可能〔〜できる〕	べく べから	べく べかり	べし	べき べかる	べけれ	○
らむ(らん)	現在推量〔今頃《いまごろ》は〜だろう〕・現在の原因推量〔〜のだろう〕・伝聞・婉曲〔〜とかいう・ようだ〕	○	○	らむ(らん)	らむ(らん)	らめ	○
けむ(けん)	過去推量〔〜ただろう〕・過去の原因推量〔〜たのだろう〕・過去伝聞・婉曲〔〜たという・たようだ〕	○	○	けむ(けん)	けむ(けん)	けめ	○
らし	推定〔〜らしい〕	○	○	らし	らし (らしき)	らし	○
なり	伝聞〔〜だそうだ〕・推定〔〜ようだ〕	○	(なり)	なり	なる	なれ	○
なり	断定〔〜だ・である〕・存在〔〜にある〕	なら	なり に	なり	なる	なれ	なれ
たり	断定〔〜だ・である〕	たら	たり と	たり	たる	たれ	たれ
ごとし	比況〔〜のようだ・と同じだ〕	ごとく	ごとく	ごとし	ごとき	○	○

◇その他の助動詞

しむ〔使役・尊敬〕・じ〔打ち消し推量〕・まじ〔打ち消し推量〕・むず(んず)〔推量〕・まし〔推量〕
まほし〔願望〕・たし〔願望〕・つ〔完了〕・り〔完了〕・めり〔推量〕

☆20